東大生が教える！超(スーパー)暗記術

基本から暗記のコツまで

徳田和嘉子　絵●平良さおり

ダイヤモンド社

はじめに──どうやったら覚えられるの？

　暗記力って、何のことでしょう？
　それは、10代のわたしにとって、人生を大きく変えた"魔法"だったのです。

　わたしは高校生のとき、ほとんど勉強していませんでした。週7日毎日朝昼晩とバスケットボールの練習に明け暮れていたのです。それほど好きなことに熱中できた高校時代は幸せなものでしたが、進学校にいたわたしは、「おいおい、勉強しなくて大丈夫？」なんて周囲から思われていたにちがいありません。

　そんなわたしが新聞を読んでいたとき、ある記事から目が離せなくなりました。当時、国連難民高等弁務官を務められていた緒方貞子さんが載っていたのです。

　日本の女性が、世界を舞台にして命を懸けている。「生きていさえすれば誰にでもチャンスがある」と信じ、難民が生きていくための現実的な援助を提供する使命感に燃えている。

わたしは彼女に心底憧れました。
　さらにその記事の終わりには、緒方さんが東京で講演会を催すことも書かれてあったのです。
　これは行かなきゃ！
　大急ぎで申し込み、授業をサボって、わたしは特急に乗って上京していました。そして本物の緒方さんの話を聞き、考え方を聞くうち、わたしはすっかり決心していました。

あんなふうに、世界で活躍できる女性になるんだ！

　国連で働くことが、そのときのわたしの目標になったのです。もちろん、そのためには勉強しなければなりません。調べてみると、働いているのは本当に高学歴の方ばかり。レベルの高い大学で高い水準の教育を受けなければ、と強く思いました。そしてまた、一人で東京に行ったことがわたしを大胆にしていました。
　わたしは、両親にも、先生にも、友だちにもこんなことを宣言したのです。

わたし、東大を目指します！

　返ってくる答えはみんな同じでした。
「徳ちゃん、いったい何を言ってるの？」

　それからわたしの挑戦が始まりました。今まで勉強を疎かにしてきたわたしです。明らかに無謀でした。案の定、

最初の受験には失敗し、わたしは1年の浪人生活を余儀なくされました。

もともとわたしは、「暗記重視の勉強なんて意味がない」と思っていました。将来、何の役に立つかもわからない。それよりも、もっと複雑な内容を応用できる力を身につけなければ、と。
しかし、現役のときのセンター試験の結果がさんざんで、挙げ句に2次試験にも落ちてしまったわたしは、考え方を180度変えたのです。

暗記は、すべての学問のもとになっている。暗記をマスターしなければ、基礎にもその後の応用にも立ち向かえない。

わたしは考え方を変え、暗記を重視した効率のよい勉強方法を探していきました。しかし、膨大な必須知識をムリに頭に詰め込もうとしたってなかなかうまくいきません。何とかして、楽しく覚えられるような方法を……と考えていきました。その結果、わたしは晴れて東大生になることができたのです。
東大に入って知ったことは、東大生といっても小さいころからガリガリ勉強ばかりしてきた人たちばかりではない

ということ。さぞや分厚い眼鏡をかけた真面目な人がたくさんいるのだろうと思っていたのですが、友だちとの遊びや趣味を大事にしながら、暗記の方法を工夫し、決して多くない勉強時間の中で効率よく成果を出してきた人が大半だったのです。

　本書では、わたしが駆使し、周りの東大生にも人気が高かった暗記の方法を公開したいと思います。これは、わたしが家庭教師や塾講師のアルバイトをしながら生徒たちに実践してもらい、成果が出た方法でもあります。実は暗記にはコツがあり、それさえマスターすれば誰でも暗記の達人になれることがよくわかるでしょう。

　暗記力とは、誰もが持っている能力です。そもそも生まれたときから、わたしたちはこの力を使って失敗や成功の経験を覚え、生きる知恵を身につけて、いまに至っているのです。頭の良し悪しよりも、いかに暗記するか、が重要なのです。

　そして受験はおろか、人生のどんな場面でも、暗記力は頭の回転だけでは処理できない部分を補ってくれます。頭が悪いから暗記ができないのではない。本当は頭脳で考える助けとして、暗記が大切なのです。

といっても、難しく思うことはありません。あなたは人生の楽しかった経験をちゃんと覚えていますよね？
　そんなふうに、わたしたちは楽しいことや嬉しいことをきちんと覚えているものです。だから、あなたが暗記すること自体を"楽しい"と思えるようになれば、力は自然とついてきます。

　本書では主に、わたしの受験時代の経験をもとに、さまざまな暗記術を紹介していきます。文章は、いつも中学生や高校生たちに教えているように、簡単でわかりやすい言い方をするように気をつけました。
　もちろん、ここに載っている方法がすべてではありませんし、人によって向き不向きの分かれるものもあるでしょう。ただ、受験生に役立つ方法は、いうなれば資格試験でも入社試験でもあらゆるところで応用できます。受験生に限らず、幅広い年齢・立場の方に参考にしていただきたいと思っています。どうか、気軽にスタートしてみてください。
　しがない方法論を説いた本書ですが、これが少しでもみなさんのお役に立ち、目標を実現する手助けになればそれ以上嬉しいことはありません。

東大生が教える! 超暗記術 ■**もくじ**

はじめに――どうやったら覚えられるの? …… 3

ステップ1
誰だって暗記の達人になれる

コツさえつかめば、暗記なんて簡単! …… 14
暗記は誰だってできる! …… 18
"引っかかり"をつくるって、どういうこと? …… 23
忘れたくても忘れられないようにする …… 27
そもそも記憶って、何のためにあるの? …… 31
身近にあふれる暗記のヒント …… 35
"アウトプット"にこだわってみてください …… 40
ニンゲンは忘れる生き物 …… 43
この本のテーマは"楽しむ"です …… 46

ステップ2
単純なことを暗記する

1 「ゴロ合わせ」術
東大生は"ゴロ合わせ"の天才!? …… 52

覚えやすい言葉に隠されたヒミツ …… 56
オヤジギャグは侮れない！…… 60
ギャグセンスはこうやって磨く …… 67
"ゴロがいい"ってこういうこと …… 69
思い込みをなくすことにチャレンジ …… 72

2 「ひとひねり」術

数字を味方につけたもの勝ち！…… 75
視点を変えたらNEWワールド …… 79
"最初の1文字"だって十分に効果的！…… 83
言葉の中のパーツに注目！…… 88
意味深なカンケイを見逃さないでね …… 91
ヲタクの"インパクト"法を見習う …… 95
"ゴロ合わせ"を応用しちゃおう …… 98

ステップ3

テクニックを押さえる

1 「ツールをつくる」術

ノートのとり方で成績が変わります …… 104
暗記ノートはこうやってつくる …… 108
暗記効果を高める自信度チェック …… 113
暗記だってビジュアル重視 …… 117
カラーとマークでさらに視覚的に …… 121

赤ペンで採点するのはオススメしません …… 125

2 「全身を使う」術
必ず手を動かして書く！ …… 129
圧倒的に耳から覚えたほうがイイ …… 131
声も出そう、足も出そう …… 134

3 「周囲を巻き込む」術
尋ねられるのも大歓迎 …… 138
質問するほど覚えられる …… 141
教える立場を逆手にとる …… 145

ステップ4

複雑なことを暗記する

1 「まとめる」術
暗記はあらゆる力の基礎になる …… 150
連想ゲームにトライ！ …… 153
ダイナミックな流れを押さえる …… 158
ヨコの流れでさらに広げる …… 160

2 「分ける」術
頭の中に「整理箱」をつくる …… 164
つないでいくための「ブロック暗記」 …… 168
背景知識があるだけで全然違う …… 173

3 「関連つける」術
　秘儀!「場所記憶法」…… 175
　「場所記憶法」のバリエーション …… 178
　街中の人を観察してみる …… 184
　現実の人間関係もいい材料 …… 186
　クラスメイトと結びつける …… 190
　なりきり演技派女優 …… 194
　マンガのキャラクターにしゃべらせる …… 196
　セリフと"ゴロ合わせ"をフュージョン …… 200

ステップ5
暗記をクセにする

　「繰り返す」ことを面倒くさがらない …… 204
　1日終えた寝る前の時間術 …… 207
　1週間後、1か月後に復習する …… 212
　音を使って集中する …… 216
　火事場の馬鹿力を利用する …… 220
　失敗したらラッキー! …… 223
　「短く」「速く」やって、あとは「よく遊ぶ」…… 226

　おわりに――「暗記」をあなたの「喜び」にしてください …… 230

ステップ 1

誰だって暗記の達人になれる

コツさえつかめば、暗記なんて簡単！

いまから、いくつかの数字をあげてみます。
9 8 4 0 7 2 6 1 3 5 2
これを10秒で覚えてみてください。
数えますよ。9、8、7、……、1、ゼロ！
はい！答えてください。

どうです。記憶できますか？
　実はこれ、そのままキュウ、ハチ、と覚えようとしたのでは絶対覚えられません。普通、人が一度に覚えられる数字の限界は7桁といわれています。そのため、電話番号も市外局番を抜いた部分は7桁が多いのです。ですから、こんな11桁の数字を短い時間で暗記しようと思っても、通常ならムリに決まっているのです。
　でも暗記の上手な人は、10秒もあれば、ちゃんと覚えてしまいます。どうしてできるのでしょう？
　まず考えられるのは、数字を三つずつのブロックにする方法です。

「９８４」「０７２」「６１３」「５２」

　もっと効率がいいのは、ゴロ合わせで覚える方法です。

「悔しＯｈ！　シチヅム遺産５人」
　984　　0　　7261352

　さらに、別の情報に結び付けてしまう方法もあります。

「(１)９８４年０７月２６日１３時５２分生まれ」

　これらがパッと思いつけば、たった10秒でも簡単に覚えられるとは思いませんか？

　なぁんだ、そんなことか、と思うかもしれません。でも東大生だって、実はこんな初歩的なことを応用することで、膨大な量の知識を暗記してきているのです。

　考えてみれば「９８４０７２６１３５２」なんて、何の意味もない数字。そんな無意味な数字をすぐに暗記できるようになんて、わたしたちの脳はできていません。だって必要がありませんから！

　これは、どんなに頭の良い人だって同じです。でも、小さな数に分解したり、ゴロ合わせを試してみたり、生年月日にしてみたりすることで、意味のない情報に**"引っかかり"**ができていきます。

　暗記のコツ、というのはそういうことなのです。"引っかかり"があればあるほど、必要なときに頭から正確な情報を取り出しやすくなります。

　ただし、勉強するときに必要な暗記力とは、「鎌倉幕府

の成立＝1192年」というような、一問一答の単純なものばかりではありません。計算の複雑なプロセスだったり、多くの英単語の組み合わせによる変化だったりします。

　でも、基本的なことは同じです。覚える、つまり勉強する中で、あとで思い出せるような"引っかかり"をどんどん用意してあげること。その方法はこれから教えますので、覚える中身によって使い分けていけばいいでしょう。

　もう一つ、重要なことがあります。
"引っかかり"をつくるということは、覚えることを楽しくする作業でもあるのです。それはそうですよね。ただ「９８４０７２６１３５２」という数字を頭に詰め込もうとするより、ゴロ合わせを考えるほうが面白いですよね。
　さらに「悔しＯｈ！　シチヅム遺産５人」から、次のページのようなイメージまで想像してみてください。文化遺産のようなお年寄り５人が腕時計をしながら悔しがっている……！もう本書を読み終わるまで、この数字が頭から抜けないかもしれませんね。
　だから、暗記の達人になるのは、勉強を楽しむ達人になることと同じ。まさしく一石二鳥なのです。

ステップ **1** 誰だって暗記の達人になれる

暗記は誰だってできる!

　九九を思い出してください。みなさん、九九はできますよね？　単純で無味乾燥な計算を、なぜあんなに多く暗記することができたのでしょうか。

　ただ意味もなく暗記したわけではないはずです。いろいろ工夫したり、コツがあったことを覚えていますか？

　九九は全部で81個あります。まず、覚えなくてもわかるものは省く。1×1＝1、1×2＝2、といった1の段はまず除きますね。そうすると覚えなければならないのは72個になります。

　2×1＝2や3×1＝3も簡単なので除きます。そうすると、64個。

　そうしてから、2の段を覚えようとします。

　2×2＝4、2×3＝6、2×4＝8、……、2×9＝18。

　ニニンガシ、ニサンガロク、ニシガハチ、……、ニクジュウハチ。誰もがこのフレーズを使ったと思います。

でもこれも多くなってくるとなかなか面倒くさい。そこで、答えに注目。２つずつ増えていっているのがわかります。そうかあ、２つずつかあ。

　さらに、ゴロ合わせも導入。

　２×４＝８、ニシガハチ、西は蜂。

　２×５＝10、ニゴジュウ、濁った汁（ジュウ）。

　２×７＝14、ニシチジュウシ、仁志ん家重視。

　２×９＝18、ニクジュウハチ、肉おいしい。肉おいしいのは18日。

　これらが脳に"引っかかり"をつくる作業です。

　そういうことを考えながら、あとは反復。ゴロ合わせも入っているから覚えやすいでしょう。

　ニロクジュウニ、ニシチジュウシ、ニハチジュウロク……。

　そして２の段が終わると残り56個。次は、３の段。

　でも、２の段や３の段なんて比較的簡単じゃないか。大変なのは７の段や８の段だったぞ。

　しかし、思い出してください。７の段や８の段に覚える時間を投入したことを。覚えやすいものに時間を使わず、覚えにくいものに時間を使うのもテクニックのうちです。

さらに、7×2＝14や7×3＝21は2の段、3の段でやった2×7、3×7の数字を反対にすればいいだけだから簡単。

　そう考えると、7の段で覚えるべきなのは、7×7＝49、7×8＝56、7×9＝63のたった3つ。

　すると、6の段が終わっている時点で覚えるべきは、残り6個しかないということになりますね。

　さらに、5の段だって、5ずつ増えるだけで1の位は必ず0か5。さらに、4×4や5×5、6×6などゾロ目だけで覚えてしまう。

また、9の段は1の位が一つずつ減っていきます。
　このように考えると、81個覚えるだけでもいろいろな方法があることがわかります。
　それらをうまく組み合わせて"引っかかり"をつくり、そこにニニンガシ、などのフレーズを加えることでより効果的に覚えられたのです。
　たかが九九、されど九九。
　これは、暗記のコツのわかりやすい例です。

"引っかかり"をつくるって、どういうこと？

ステップ **1** 誰だって暗記の達人になれる

　では、暗記するときにつくる**"引っかかり"**とは、どんなものなのでしょうか？

　これはインターネット上のサイトのようなものを考えれば、わかりやすいかもしれません。

　たとえば、あなたが自分のホームページをつくったとして、アドレスがあるだけでヤフーにも載っていないし、どこともリンクしていなかったら、知らない人は誰も訪れてくれませんよね。

　「９８４０７２６１３５２」という数字をそのまま頭に入れた状態というのは、こういうものです。一つひとつ丁寧に読み込んだところで、これではなかなか思い出せません。

　それに対して、誕生日と関連させたり、ゴロ合わせにしたりすることはどうでしょう？

　もちろん数字だけでなく、さまざまな情報にリンクが張られることになりますね。さらに前のようなイラストまで

描いてみれば、「くだらない」とか、「バカバカしい」とか、感情的な部分にまでリンクが広がっていきます。
　だからこそ簡単に暗記することができるのです。
　実はわたしたちは、普段からそんなふうにして生活しているのです。

　たとえば、今日あなたが学校の友だちや、あるいは会社の同僚、また近所の人たちと話した会話を一言一句すべて思い出すことができますか？
　そのとき周囲でしていた雑音や車の音、電車の中でほかの乗客が話していた会話は？

　もちろん、できません。たぶん東大にトップで入った人だって、そんなことはできないと思います。
　ところが、面白かった話や、盛り上がった話、ケンカしたときの会話などは鮮明に覚えているのではないでしょうか？
「へえ、あそこのお店のケーキ、美味しいんだ！」
「あれ、○○子、ひょっとして××君のこと好きなの？」
　なんて会話だったら、それこそ忘れませんよね。そして、そのときのシチュエーション、まわりの状況も案外思い出せたりします。
　これも情報が何らかの体験や感動を伴うことによって

"引っかかり"ができ、リンクが無数に張られたからこそ、記憶の中にきちんと残っているのです。

　そこで、テスト前の勉強のことを考えてみてください。
　普段からコツコツやっているから特に勉強はしない……なんて人はめったにいませんよね。どんな人も、少なからずテスト前は勉強しようと思うはずです。わたしだって間に合わなくて、一夜漬けをしたことは何度もありました。

ステップ 1　誰だって暗記の達人になれる

でも、どうして勉強をしなければならないのでしょう？

　それは、授業で習ったことを再び確認するためです。テスト前になって新しい知識を獲得するという人は、本当は邪道です。
　ということは、テスト前の勉強自体が、実際は"引っかかり"をつくる作業なのです。授業で聞いたけれど、もうテストの直前になったら忘れている。だからテストの瞬間に思い出せるようにするために、確認して即席のリンクをつくっておく……。
　要はそういうことなのです。

　では、授業中に"引っかかり"をつくっておけば、テスト前に必死になる必要はないということ？

　そのとおりです。

「それって、授業を聞くだけで覚えられるってこと？」

　理論的には、そうなのです。詳しく説明しましょう。

忘れたくても忘れられないようにする

ステップ **1** 誰だって暗記の達人になれる

みなさんはテスト前に勉強しているとき、
「あっ、これは前に聞いたことがある！」
と脳が反応したことはありませんか？

普段より授業に集中していたか、あるいはそのときの先生の話が面白かったのか。それとも、自分なりに興味が湧くようなテーマだったのかもしれません。

これは授業中に何らかの"引っかかり"がつくられていたことで、勉強している最中に頭の中で「気づき」が起こったのです。こんな場合は、ほとんど本番のテストでも正解を答えることができていたはずです。

さらに「あれ、聞いたことがあるぞ？」は、勉強する以外に、さまざまな機会で、わたしたちの脳の中につくられています。

たとえば世界史で、「フランス革命後の混乱した国内を立て直し、1804年には皇帝に即位して、スペイン、オランダ、ドイツ、イタリアにまでその勢力を伸ばした人物

は？」という問題が出たら。

　答えは「ナポレオン」ですが、ほとんどの人は、これをテストのときに間違えることはないと思います。

　なぜって、別に改めて授業で聞かなくても、どこかでわたしたちは"ナポレオン"という人物について聞いたことがありますよね。「我が輩の辞書に不可能という文字はない」とか、3時間しか眠らなかったとか。

　あるいは人物と結びつかなくたって、お酒の名前など、関連する名前が身近にあふれています。ですから、改めて一生懸命に"引っかかり"をつくらなくたって、わたしたちは記憶の中にその名前をきちんと保管できるのです。

　では、同じ世界史の重要語でも「ベルベル人」だったら、どうでしょう？

　世界史の資料集を見ると、「イスラム化以前より北アフリカに住んでいた先住民族」と説明されています。だから当然、身のまわりにベルベル人の知り合いがいらっしゃる方はほとんどいないでしょうし、お茶の間の話題になることもめったにないと思います。授業で初めて聞く、という生徒がほとんどでしょう。

　でも、わたしはこの民族名を授業で聞いた瞬間に覚えてしまいました。おそらく、そんな人は多いでしょう。これはもうイメージですよね。

たとえば、「えっ！　ベロベロ人？」なんて、舌がとてつもなく大きい人たちを自分で想像してみたイメージを、ノートに落書きしてみる。さらに西アフリカの砂漠に、大勢そんな人たちがいる風景を思い浮かべる。ラクダを連れてキャラバン隊を組んでいたりして……。

　本当に勘違いして、「そのベルベル人って、ベルが好きな音楽系の民族ですか？」なんて先生に質問して、赤っ恥をかいた……。恥ずかしいですけど、そんな経験があったら、テスト前どころか、一生忘れない知識になるかもしれませんよね。（ただし、くれぐれも、ベロベロ人ではなく「ベルベル人」が正しいことをお忘れなく！）

　冗談ではなく、こういう"忘れないイメージ"をつくっていくことが、"引っかかり"をつくるということなのです。もちろん、すべてがこんな覚えるのにオイシイ言葉ではありませんが、さまざまな工夫をすることによって、暗記することはとても簡単になります。

そもそも記憶って、何のためにあるの？

ステップ **1** 誰だって暗記の達人になれる

修行のように黙々と単語を覚える。
機械的に化学式を暗記する。

こういう覚え方で、記憶するなんてことはできないのです。わたしたちの脳は、何の意味もない言葉や数字の配列を、いつまでも覚えていられるようになんて、できていません。

そもそも人の記憶する能力って、何のためにあるのでしょうか？

海馬の研究で有名な池谷裕二先生は、生きていくために必要な情報を保存するため、と説明しています（『最新脳科学が教える高校生の勉強法』東進ブックス）。

高校の生物には、「ローレンツの刷り込み」という定理が出てきます。生まれたばかりのヒナが、初めて見た動くものを母親だと記憶してしまう学習行動ですね。

こういうことが起こり得ます。ピッピという名の可愛いアヒルのヒナが大人気だった動物園で、2人の子供がピッピと、さらに1個のアヒルの卵を手に抱き、持ち帰ってしまいました。動物園は大騒ぎになりましたが、その後、2人の子供の母親が謝りながら返しに来ます。卵のほうは孵化して、ヒナが生まれていました。
　ところが、その後とんでもない問題が起こります。ピッピはたくさんのアヒルたちの中からすぐに自分の母鳥を見つけ、走っていきます。
　ところが生まれたばかりのヒナのほうは、どれが母鳥かわからず、ずっと寂しそうに鳴いているのです。
　ヒナが生まれて初めて見た顔は卵を持っていった子供たちだったのでしょうから、あるいはそのどちらかを自分の親として、誤って記憶してしまったのです。

　こんなふうに、生まれてすぐに見た顔を記憶できるのは、もちろん生きるために必要だからです。生まれたてのヒナは、そんなふうに自分の親を1瞬にして覚えなければ、エサをもらっていくことができません。
　これは鳥類だけの能力ではありません。ネズミやイヌも、効率的なエサの獲り方や外敵からの逃げ方などを、成功・失敗の経験をもとにしてすぐ覚えていきます。
　もちろん人間だって同じです。歩き方やご飯の食べ方を

一生懸命になって覚えた経験は、みなさん、ありませんよね。

　生きるために必要な情報を、わたしたちの脳は最優先で記憶するようにできています。それに対して、学校で習う勉強の情報はどれくらい優先度が高いと思いますか？
　いまでも「学校の勉強がはたして必要か？」なんて議論があるくらいですから、これは"生きる"という観点から見たら、微妙なところですよね。特にそれが自分の生活と関係のない名前だったり、無関心な数字だったりしたら、

脳が聞いたその場で情報をポイ捨てするのだって、当然といえば当然のことなのです。

　では、どうすればいいのでしょう？

　簡単なこと、自分と関係のある事項や、興味を持っていること、身近に覚えている知識と、**くっつけてあげれば**いいだけなのです。どれだけたくさんの情報をテスト前に記憶していられるかというのは、すべてそこにかかっているといっても過言ではありません。

身近にあふれる
暗記のヒント

実をいうと、暗記の達人と呼ばれる人も、みんな別の情報に結びつける工夫を生かしています。たとえば「暗記世界選手権」という競技があるのをご存知でしょうか？

これは、まず1セットのトランプを用意し、ごちゃまぜにする。そして、1枚ずつ出てくるトランプの順序をどこまで記憶できるかを競うものです。驚くなかれ、達人になると52枚全部の順序を3分で覚え、2分で答えるという神業をこなしてしまうとか。

では、どんなふうにして覚えるのでしょう？

考えてみると、ハートの4とか、クラブのエースとか、それ自体は何の意味もない記号のような情報にすぎません。だから、そのままで記憶するのは、とても難しいのです。

そこでよく行なわれる方法は、あらかじめトランプを別なものに置き換えて記憶しておくものです。たとえば、スペードのクイーンなら弟、クローバーの2なら台所、ダイ

ステップ **1** 誰だって暗記の達人になれる

ヤの10なら釣り。

そして3枚ずつセットで、ストーリーをつくります。この順番なら、「弟が台所で釣りをした」と。これを頭の中で物語として場面を想像し、3枚を一瞬で覚えていくわけです。これなら慣れてくるとできそうですよね。

同じような"置き換え"は、入試に必要な勉強でもたくさんできるのです。たとえば、次のようなものです。

・ゴロ合わせで、別の意味ができないか？
・身近なもので似ているものはないか？
・世界史の登場人物など、身近な人にたとえると？
・キーワードを結びつけて、ストーリーにしてみると？

具体的なやり方は、これから本書で述べていきます。でも、結びつけられるものは、これらが元から持っている情報ばかりではありません。その場でつくる"体験"と結びつけることだってできます。

たとえば、好きな先生に質問して、教えてもらったことだったらなかなか忘れませんよね。これも覚えた知識が"強烈な体験"と結びついているから、記憶に残っているわけです。びっくりするくらい美味しかった料理のメニューは覚えているけれど、普通だったメニューは覚えていな

ステップ **1** 誰だって暗記の達人になれる

弟　台所　釣り

台所で何を釣れと…

なんだかものすごく

シュールな図。

い。それと同じです。

　もちろん、都合よく好きな先生が現れることはないでしょうし、同じような体験ばかりで結びついた記憶は色あせていきます。でも、ちょっとしたことなら**"オリジナル体験"**を自分で演出することはできるのです。

・他人に話すことで、別な記憶と結びつけることができないか？
・ノートを、いつもと違うものにすることで印象づけられないか？
・暗記したことをもとにして、ちょっとした遊びをしてみたらどうか？
・ほかに日常生活の中で、勉強したことにつながるような体験ができないか？

　これだけでも、たくさんの方法があることがわかるでしょう？

　具体的なノウハウは、次章からどんどん説明していきます。楽しみにしていてください。

置きかえ。
見つけた！
私のベロベロ人!!
な、なんだよ！
それは多分恋。

経験化。
せせせ
先生っ、あの、べ、べ、ベロベロ人というのは…っ
ガタッ
ヒ
あまり思いつめるとかえって恥の上塗りよ。
いや僕は国語だから何のことから…

"アウトプット"に
こだわってみてください

　先ほど"強烈な体験"ということをいいましたが、実はそんなに強烈でなくても、「ノートにまとめてみる」とか、「口に出して言ってみる」という簡単なことだって、暗記を効率よくするための手段です。

　というのも、実は覚えることが苦手という人の話を聞くと、インプットだけやっていて、アウトプットをやっていないということがとても多いのです。
　インプットというのは、"入力"ということ。すなわち授業でとったノートを何度も眺めたり、教科書を読み返したり。とかく「読む」だけの勉強法に頼っています。

　これでは覚えられるわけがないのです！
　わたしは暗記するに当たって、**"アウトプット"**は絶対に必要な要素だと思っています。まさにそれが「書く」と「声に出す」という"出力"の部分ですが、特に自分の手でノートにまとめていくという作業なくして、膨大な量

の知識をテスト前に記憶することは不可能といえるでしょう。

そういうと、こんな言葉が返ってきそうですよね。

「ノートにまとめることなんて、誰でもやってるよ!」

でも、それは単に写し取ったことや、大事なことを、"文字にして書き並べる"ということだけではありませんか?

「えっ? だって文字を書く以外に、どんなノートの使い方があるの?」

あるんですよ。

たとえば、次のような使い方はどうでしょう。

- 図にする
- 絵にする
- 色を塗る
- 切ったり、貼ったり、加工したりする

特に「切ったり、貼ったり、加工したり」ということに関していえば、わたしは受験のときに、たくさんの"ツール"を作りました。

どんなツールかはあとでのお楽しみですが、これをつくる作業自体が、強烈なアウトプット体験となって、"引っかかり"とともに頭に保存されていきます。もちろんツー

ルを使うと勉強も楽しくなりますから、その効果は非常に高いのです。

　一方で、ただノートを書き写すだけでは、"面白く"さえありませんよね。集中力も落ちてしまうし、書いている作業が体験として認識されません。だから暗記もうまくいかないのです。
　さらにいえば、「問題を解く」ということそのものも、わたしは大事なアウトプットの一つだと思います。そのうえ問題を解いて自分で採点をするときに、○をつけて「やった！」と思ったり、×をつけて「悔しい～！」と思ったりしたら、気持ちを伴った強い体験になります。
　そのために問題集を解くことも重要ですが、都合よく自分自身が覚えたいことに絞った問題集なんて、世の中にはありませんよね。
　だったら簡単！

●自分だけの"都合のいい問題集"をつくる

　そういうと難しいことと思われそうですから、こう言い換えましょう。

●「覚えるためのクイズ」をつくってしまう

　この方法も暗記にはとても有効です。

ニンゲンは
忘れる生き物

ステップ **1** 誰だって暗記の達人になれる

　別な情報と結びつけたり、楽しくアウトプットしたり……それでもまだ、完璧に暗記できるというわけではありません。

　なぜかって？　そうです。どんな記憶も、人は忘れちゃうのです。イヤになりますよね。テストのたびに、わたしも「あー！　思い出せない！」ってイライラしていました。

　覚えたことをゼッタイ忘れない、コンピュータみたいな脳がほしい！

　でも、本当にこんな脳になったら大変です。ケガしたときの痛みとか、失恋のショックとか、その瞬間の感情を、わたしたちはいつまでも引きずっていかなくてはいけませんから。"忘れる"というのも、人間が生きるために必要な能力なのです。

　そもそも朝起きてから夜寝るまでの間だって、脳に入ってくる情報は膨大な量です。電車に乗り合わせていた人の

1人ひとりの顔から、新聞の文字の一語一句まで。また何回まばたきをしたとか、何回あくびをしたかとか。こんなムダ情報ばかりが完璧に頭に残っていたら、すぐパニックになってしまいますよね。

　実際にあらゆる情報が全部記憶されてしまう、ルリア病という脳の症状があるそうです。これにかかった人は現実と空想の区別がつかなくなり、ノイローゼになってしまうとのこと。そうなると勉強どころではありません。

　つまり脳は、必要な情報とそうでない情報を取捨選択して頭に残している、ということです。何にとって必要かといえば、前にも述べたように、「生きるため」ということになるでしょう。

　では、どんな情報を「生きるために重要度が高い」と脳は判断するのでしょうか？

　もちろん「食べる」とか、「危険を避ける」といった、直接生死にかかわる情報もあるでしょう。

　それに加えて、"何度も繰り返しインプットされる情報"も、必然的に重要度が上のほうになっていきます。それだけ何度も頻繁に入ってくるのだから、生活上この情報が必要であると、脳は判断するのです。

　たとえば、わたしの名前、"和嘉子"の**「嘉」**という字

を書ける人は少ないと思います。「十一の口にクサカンムリを加える」なんてゴロ合わせで覚えることはできますが、そんなに有効ではありません。固有名詞でなければ、めったにこの字を書く機会はありませんから、"必要のない情報"ということで、脳がすぐに処分してしまうわけです。

ところが、もちろんわたしは未だかつて忘れたことがありませんし、わたしの友だちもちゃんと書けます。わたしの身近にいるということで、それだけこの情報に関わる頻度が高い。だから「この漢字は忘れちゃいけない漢字だぞ！」と、脳が自然にブロックをかけてくれているのです。

ということは……、結論はわかりますよね。

忘れないために重要なのは、「繰り返す」こと。とにかく"暗記する"という作業を、何度も何度も反復することが大切なのです。

そんなことはわかっている……けど、なかなか根気が続きませんよね。

でも、どうして根気が続かないのか？

それは、飽きるし、つまらないし、苦しいし……。

だったら簡単！

暗記すること自体が楽しければ、問題がないのではありませんか？

この本のテーマは"楽しむ"です

暗記は楽しくやること——！

すでに何度か言っていますが、本書を活用する際に、この言葉はぜひモットーにしてほしいと思います。

勉強そのものが楽しければ、何の問題もありませんよね。

たとえば、あなたがテレビゲームをしていたとする。ラスボスを倒し、もうちょっとでクリアというとき、お母さんに「ちょっと買い物行ってきて」と言われても、もうゲームに夢中になってしまって何も聞こえません。こんなときは時間感覚だって忘れています。

好きな人と一緒にいるとき、友達と和気あいあいと話しているとき、好きなスポーツに熱中しているとき、面白くて仕方がない本を読んでいるとき……。

飽きることも、苦痛な思いをすることも、ありませんよね。

「でも、暗記はそれらと違って"面白い"ものじゃないの

では？」

　そう思うかもしれません。

　でも勉強っていうのは、本来は「自分の興味・関心にしたがって、知識を増やしていく」という、相当"面白いこと"なのです。必要な知識が暗記できたら、まさしく自分が一つ進歩するのですから、喜び以外の何ものでもないではありませんか。

　テストのためとか、受験のため、あるいは仕事で必要な資格のためとか、そういう意識が先んじてしまっているから、みんな苦痛になってしまうのです。

　といっても、心を切り替えるのは簡単ではないかもしれません。わたしだってそうでした。そこでまた、いくつかの方法が出てきます。

　第1に心理的な方法。**「達成感」をつかんで**いくというものです。

●**テストに成功したあとの自分を、それはそれは楽しく思い描く**
●**一つ成果を出したら、自分自身をどんどん褒めてあげる**

●褒めてあげるだけでなく、ご褒美も与えてしまう

とくに"褒める"ということは、どんどんやってください。

「自分、やればできるじゃん」
「わたしって、天才！」

人に聞かれなければいいじゃないですか。強引にでも「結果が出たらすごく嬉しい」という感覚をつくってしまうのが何よりだと思います。

今まで解けなかった問題が解けたときは、○じゃなく、花丸をつけて、「よくできました」と書いてあげるとか。多少、オーバーなくらいがいいのです。

ご褒美も、有効に使えば効果的です。ここまでできたら、友達と遊びに行くとか、デートするとか、ほしかったものを買うとか、好物を食べるとか。ただし、与え過ぎるとだんだん与える基準が緩くなりますし、予算もあります。そのへんのバランスは考えて実践してください。

もちろん、それだけで暗記が楽しくなるなら、安易すぎますよね。

そこで、第2の技術的な方法が出てきます。

●記憶する過程をゲーム化してしまう
●ムリヤリにでも、覚えることを"おかしく"し

ステップ **1** 誰だって暗記の達人になれる

もー私ったら天才でこんな難しい問題だって楽勝だし、予習もカンペキだし頭いいよね♡
その上顔も可愛いし、性格もちょっぴりドジだけど明るいし、いつだって人気者だなんてズルイ☆

う…
なにこのむなしさは…

あんまりほめすぎると反動もデカイ。
ほどほどにね！

てしまう
- **体を動かしながらやってみる**
- **テレビでも、マンガでも、とにかく自分の好きなものと結びつける**

　具体的には、ステップ2から徐々に述べていきましょう。
　いずれにしろ、本章でこれまで述べた考え方やアイデアを総括したのが、これから紹介する暗記術の数々です。誰でもできるし、ムリなことなど何もないと思います。楽しみにして先へ進んでください。

ステップ **2**

単純なことを暗記する

1 「ゴロ合わせ」術
東大生は"ゴロ合わせ"の天才!?

　1　基礎編では、"引っかかりをつくる"ということを述べました。

　受験勉強をしていると、「意味や理由なんかどうでもいい、とにかく覚えろ！」という知識が出てきます。

> 鎌倉幕府ができたのは1192年
> 英単語"argue"の意味は「議論する」
> 古文の「あいなし」という単語の意味は、「つまらない」

　別に1192年という年号に意味はありません。もちろん時代の流れはありますが、それでも源頼朝がわざわざ後世の学生が覚えやすいように、この年を選んだわけではありませんよね。

　幕府をつくったらたまたまその年になっただけだし、そもそも西暦なんて頼朝は知らなかったでしょうから。

　単語だってそうです。理由を考えたってしょうがありません。昔の人は、つまらないときに「あいなし〜」と言っ

ていたのだし、アメリカ人やイギリス人は、議論することを「argue」と言っているのです。ですから、勉強する側としては、それを頭に叩き込むしかありません。

それでも頭に入らない。
それなら、他の言葉に置き換えて暗記する。

これが「ゴロ合わせ」の理屈です。もともと意味なんてないのだから、置き換えたって反則ではありませんよね。むしろ「覚えるための基本の基本」とすら、考えてもいいのではないでしょうか。

> いい国（1192）つくろう鎌倉幕府
> ああ言えばこう言う。こう言えば、アーギュウ（argue）
> あいなし（愛無し）では、つまらない

これらはゴロ合わせでも、非常にポピュラーなものです。もともとは参考書に載っていたものですが、いまでは広く普及しています。
さて、これが東大を受験するレベルになるとどうなるのでしょう？
「ゴロ合わせなんて邪道！」どころではありません。特に東大に現役で入ってくるような優秀な人たちは、むしろ

いい国っていったらまずはお金でしょー、そのためにとりあえず幕府公認でキャバクラ作ってー女の子いっぱい欲しいから中国とかからキレーなアジアンビューティー連れてきてー

お上のごまし心。

1192 作ろう鎌倉幕府

あー言えばこー言う。
理屈とか理論とか
ディベートとか大好物です。
こー言えばアーギュア。
argue

"ゴロ合わせの天才"です。
　ならば天才級のゴロ合わせとは、普通とどう違うのか？
　次のような考え方をすればいいのです。

- **基本的には自分でつくる！**
- **既成概念は取り壊す！**
- **最悪でも出だしの一文字だけは覚える！**
- **意味なんて無視！**
- **覚えさえすれば、何でもあり！**

　これらについて説明していきましょう。

1 「ゴロ合わせ」術
覚えやすい言葉に隠されたヒミツ

　初対面の人ばかりのグループに、いきなり参加することになった。そして１人ひとり、自己紹介をすることになった。

　そんな場面を想像してみてください。

　いきなりグループ全員の名前を覚えるのは、簡単ではないですよね。でもすぐ覚えてしまう名前もあると思います。

　どんな人をすぐ覚えるのでしょうか？

　たとえば、自己紹介で面白いことを言った人は印象に残ります。わたしが今でも覚えているのは、中学のクラス替えでの自己紹介。

「O型の尾形です。」

　聞いた瞬間、爆笑と共に尾形くんのことはインプットされました。

「おかしい」とか、「面白いことを言うなあ」とか、感情と相手の名前が関連付けられたから、記憶に残っているわけです。

あるいは、格好よかったり、可愛かったり、顔が好みだったり、身長が高かったり、元気が良かったり、自分の知り合いに似ていたり……。逆に、ものすごく不快なことを言ったり、突然に怒鳴られたり……、印象は180度逆でしょうが、そんなふうに感情を刺激された人はあとで覚えていることが多くなります。

その反面、何の特徴もなく、名前だけポツリと言われた場合は、まったく頭に残らないでしょう。つまり**感情に対する**刺激があるかないか、**"インパクト"があるかないか**ということも、記憶するための大きな引っかかりになるということです。

そういうことは、日常の場面でも多いのです。

たとえば、お父さんやお母さんに普段どおりの口調で「〜しなさい」と注意されるのと、怒られながら注意されるのとでは、後者のほうが記憶に残ります。

映画やドラマで、涙を流すほど感動したワンシーンなども強く心に残ります。

もちろん学校の勉強も同じことです。ステップ1でも述べましたが、授業中でも「なるほど〜」とか、「へえ〜」とか感じたことは、忘れずに頭に残っているものです。

つまり、こういうこと。

強く感動したことは脳に強いインパクトをもたらして、暗記もしやすくなる——。

だったら、自分でどんどんそんなインパクトをもたらすような"奇想天外"を追求していけばいいのです。

ゴロ合わせでも、有名なのは歴史の年号ですよね。先ほどの「いい国（1192）つくろう鎌倉幕府」とか、「鳴くよ（794）ウグイス、平安京」とか……。

でも、ほとんどの年号はそんなに都合よくはできていません。だから世には"ゴロ合わせ集"のような本があふれていますが、実際にはかなり苦しいものが多いのです。だから頭にはなかなか入ってきません。

そもそもゴロ合わせの条件とは何かといったら、わたしは次の2つだと思います。

● **わかりやすいこと**
● **簡単であること**

もちろん既成のゴロ合わせや、学校や予備校で教えられるものが、これに合えばいいのです。でも、人によって覚えられないものは違いますし、覚えやすい言葉は違う。そ

れに習うものには限りがあるでしょう。

　だからこそ、"自分でつくる"ということが重要なのです。そうすれば自分にとって覚えやすいだけでなく、つくること自体が"アウトプット"になります。
　つまり、「こんなふうに置き換えれば覚えられるかな？」と考えているうちに、脳に"引っかかり"ができ、暗記しやすくなるのです。
　ところが、多くの人は「そうはいってもゴロ合わせなんて簡単にできない」と思っています。
　そんなことはないのです！
　最初から"ゴロ合わせをつくろう"という発想で立ち向かえば、いくらでも方法は出てきます。

　そのヒントこそ**"思い込みを取り壊す！"**ということです。

1 「ゴロ合わせ」術

オヤジギャグは侮れない！

多くの人が苦手とする世界史の用語の暗記。

特に覚えにくいのは、古代ギリシアに出てくるカタカナ名でしょう。

わたしは、ここで苦労したために世界史が苦手になってしまう生徒を何人か見てきました。そんなとき、わたしは自分が使っていたゴロ合わせを披露してきたのです。

ただし、ここで公開してしまうのはちょっと気が引けます。なぜなら、わたしのオヤジギャグっぷりが暴露されてしまうから……。

ええい！　関係ないですね！　覚悟を決めましょう。いきます。苦手としやすい用語ばかり選んでありますからね。

用語

①**クノッソス**

（クレタ文明の中心地で宮殿が発掘された場所）

②**ヴェントリス**

（ミケーネ文明の線文字Bの解読に成功したイギリ

ス人)
③**アイオリス人**
(バルカン半島北部から小アジア北部に分布したギリシア人の一派の人々)
④**シノイキスモス**
(貴族が中心となって軍事的・経済的要地へ移住したこと)
⑤**ヘイロータイ**
(スパルタで完全市民に共有された隷属農民)
⑥**ペリオイコイ**
(スパルタで農業・工業に従事した参政権のない不完全市民)
⑦**リュクルゴス**
(スパルタの軍事的・鎖国的諸制度を確立した立法者)
⑧**ペイシストラトス**
(アテネで中小農民の保護・育成や文化事業に力を入れた独裁者)
⑨**クレイステネス**
(血縁的部族制廃止などの改革でアテネ民主政の基礎を確立した政治家)
⑩**オストラシズム**
(僭主の出現を防止するための市民による投票制度)

ステップ **2** 単純なことを暗記する

⑪**オストラコン**

（投票のときに使用された人名を記入する陶片）

⑫**テミストクレス**

（ペルシア戦争でギリシア艦隊を指揮したアテネの将軍）

⑬**デマゴーゴス**

（民主政治を混乱・腐敗させた扇動政治家たち）

⑭**ヘシオドス**

（『労働と日々』で勤労の尊さを説いた詩人）

⑮**アイスキュロス**

（『アガメムノン』を残した三大悲劇詩人の一人）

ゴロ合わせ

①クソー！　のして（倒して）やる！

②ベンとリスの物語

③Ｉ居ります

④シノはキスもする

⑤ヘイ！　老体！

⑥「ペリ」っと剥がして「オイコラ！」とツッコミ

⑦龍が来るゴス！

⑧Pay（支払い）するか？　それとも死すか虎か？

⑨おクレ椅子、手寝かす

⑩オスの虎が沈む！

⑪オスの虎、根性出せ

⑫手はミスト、おくれ酢

⑬デマ、轟々

⑭へし折る、ドスッ

⑮アイスとチュロス、食べたいな

続いていきます。

> **用語**
>
> ⑯**ソフォクレス**
>
> (『オイディプス』を残した三大悲劇詩人の一人)
>
> ⑰**エウリピデス**
>
> (『メディア』を残した三大悲劇詩人の一人)
>
> ⑱**タレス**
>
> (万物の根源を"水"と考えた哲学者)
>
> ⑲**ヘラクレイトス**
>
> (万物の根源を"火"と考えた哲学者)
>
> ⑳**デモクリトス**
>
> (万物の根源を"原子(アトム)"と考えた哲学者)
>
> ㉑**トゥキディデス**
>
> (ペロポネソス戦争を史料批判に基づいて著した歴史家)
>
> ㉒**フェイディアス**

(パルテノンの再建工事の総監督)

㉓**プラクシテレス**

(「ヘルメス像」を残した彫刻家)

㉔**カイロネイアの戦い**

(フィリッポス2世がアテネ・テーベ連合軍を破った戦い)

㉕**ディアドコイ**

(アレクサンドロス大王の死後、後継者を目指して分立・抗争した部将たち)

㉖**プトレマイオス朝**

(大帝国の分裂後、部将の一人がエジプトに建てた王朝)

㉗**セレウコス朝**

(大帝国の分裂後、部将の一人がシリアに建てた王朝)

㉘**ムセイオン**

(アレクサンドリアに開設された王立研究所)

㉙**エウクレイデス**

(ムセイオンで学び平面幾何学を大成したギリシアの数学者)

㉚**エラストテネス**

(ムセイオンで学び地球の周囲の長さを計測した天文学者)

🔲 **ゴロ合わせ**

⑯ソファーくれッス！
⑰絵売りピーです
⑱水＝垂れる！
⑲火をつけるから、屁をくれい！
⑳でも！　クリがトス！
㉑トゥキディーです♪
㉒ヘイ、D、明日！
㉓プラっとして、レス（返信）！
㉔ホッカイロねぇーや、の戦い
㉕Dや、どっこい！
㉖太れ舞、押す！
㉗それ！　う！　濃すぎ！
㉘無声音。
㉙絵浮く！　霊です!!
㉚偉いと手寝るッス！

……どうでしょう？　これ全部、わたしが考えたものです。ちょっと恥ずかしいですが、これは驚くほど覚えられます。もちろん、同じギリシア世界に出てくる言葉でも、「ドラコン」「ストア派」といったような覚えやすい言葉や、「ホメロス（褒めろっス！）」「コイネー（濃いねー）」「エピクロス派（海老黒す派）」などすぐにゴロ合わせできる

ような言葉は省いてあります。簡単に覚えられる言葉は書くまでもないからです。

　前で、**"思い込みを取り壊す！"** といいましたが、思い込みをなくして、自由に発想してみてください。ゴロ合わせは考えるといくらでも出てきます。そして、不思議なほど頭に入るのです。わたしの弟妹たちや教えている生徒たちにも好評です。
　オヤジギャグといって、馬鹿にするべからず。一番頭に入りますよ。

1 「ゴロ合わせ」術
ギャグセンスはこうやって磨く

ステップ **2** 単純なことを暗記する

　わたしは眞鍋かをりさんのファンで、この方のギャグセンスはピカイチだと思っています。ギャグセンスって、おそらく普段の生活から、面白いネタに敏感になっていることで磨かれていくのではないでしょうか。

　わたしも、ギャグセンスがついたつもりで、以下のゴロ合わせを紹介します。

---

surrender
　動・降参する　→さぁ連打！　もう降参する

tremendous
　形・ものすごい　→取れ！　面を！　ぎゃーものすごい顔！

arrogant
　形・傲慢な　→アラ、頑としてるわ！　なんと傲慢な

accommodate
　動・収容する　→オカマでいいと収容する

persevere
  動・辛抱する　→パーッとシビアに辛抱する
appreciate
  動・評価する　→アップル社を評価する
blame
  動・非難する　→「無礼め！」と非難する。
condemn
  動・有罪宣告する　→有罪宣告、「こんでもか！」
hygiene
  名・衛生　→廃人を衛生にする

　これはわたしが自分でつくっていたゴロ合わせですが、似たようなゴロ合わせに英単語の「ダジャ単」（エコール・セダム出版）があります。わたしもこの単語集を見たときは、発想がそっくりでびっくりしました。これを読むと、もしかしたらもっとギャグセンスが上がるかもしれません。

　しかし、なんでもかんでもゴロにしたらいいというものではありません。簡単に覚えられるものはゴロを考える時間がもったいないからです。くれぐれも、自分が覚えにくい単語のみ、ゴロで覚えるようにしてくださいね。

1 「ゴロ合わせ」術
"ゴロがいい"ってこういうこと

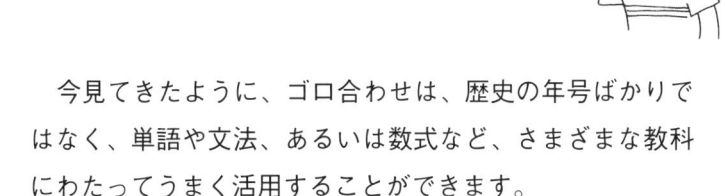

ステップ **2** 単純なことを暗記する

　今見てきたように、ゴロ合わせは、歴史の年号ばかりではなく、単語や文法、あるいは数式など、さまざまな教科にわたってうまく活用することができます。

　ただ、覚える事柄が複雑になったり、あるいは単語のように"そのままの形"で覚えるしかなかったりする場合など、ゴロ合わせもだんだんと苦しくなっていきます。

　その際に重要なのは、意味なんていちいち考えないこと。ただイントネーションで繰り返し頭に叩き込んでいく、ということです。

　たとえば「すいへーりーべーぼくのふね……」というゴロ合わせがありますよね。あるいは「ひとよひとよにひとみごろ」とか。

　これらは元素周期表「水素（H）・ヘリウム（He）・リチウム（Li）・ベリリウム（Be）・ホウ素（B）・炭素（C）・窒素（N）・酸素（O）・フッ素（F）・ネオン（Ne）」やルート2の「1.41421356……」を暗記するため

のものですが、いちいちその言葉の意味なんて考えていなかったと思います。

　だからいっぺんに覚えられることはないのですが、それでも、そのままの形で覚えようとするよりはゴロ合わせで記憶していったほうが何倍も速いです。そうやって開き直って覚えてしまったほうが、よっぽど近道になります。

　そういえば、受験生に人気のある古典の単語集に『古文単語ゴロ513』(板野博行著・東進ブックス)という参考書があります。この本はとても面白いゴロ合わせを集めて

古文単語の意味の覚え方の例

うつくし
　＝かわいい、愛らしい

➡ **うっ、つくしんぼ
　　かわいいぞ**

はづかし
　＝立派だ、優れている

➡ **恥ずかしい、
　　立派な人に見られるのは**

70

いるので、これを使って勉強している人は周りに大勢いました。

> ・うっ、つくしんぼ可愛いぞ
> （うつくし＝かわいい、愛らしい）
> ・恥ずかしい、立派な人に見られるのは
> （はづかし＝立派だ、優れている）

これらは一例ですが、確かによくつくられていますよね。

わたしも最初、この単語集を使って覚えようとしていました。でも途中で面倒になり、友だちから借りた予備校の教材を使って、ただイントネーションを使って言葉の羅列で覚える方法に変えてしまったのです。

● **うつくしは、可愛いきれいだ愛らしい**
● **はづかし優れるきまりが悪い**

こちらは"ゴロ合わせ"というより、"ゴロがいい"というだけですよね。言葉に意味なんかなく、並べただけですから。

ただ何となくイントネーションで繰り返すうちに頭に入ってくる。もちろん個人差はあるのでしょうが、そのほうが"ゴロ"として覚えやすいことだってあるのです。自分に合うほうを、場合に応じて使い分けてくださいね。

1 「ゴロ合わせ」術
思い込みをなくすことにチャレンジ

　先ほどから繰り返していますが、ゴロ合わせを考えていく上で"思い込みを取り壊す"のはとても重要です。難しい言葉でいえば、"既成概念を取り壊す"ということです。
　わたしが古文で使っていた暗記の例でそれを見てみましょう。

　古文の文法で出てくる「なり（なる）」には種類があり、断定の助動詞「なり」、伝聞推定の助動詞「なり」、形容動詞ナリ活用の活用語尾、ラ行四段動詞「なり（なる）」を見分けなくてはなりません。見分け方はそれぞれあるのですが、その中で、伝聞推定の助動詞「なり」は動詞の終止形とラ行変格活用の連体形に接続していることで見分けます。しかし、終止形のほうはなんとかなるのですが、ラ変の連体形の方は忘れやすい。そこで、

"裸体なり"

と覚えていました。「ラ変連体形＋なり」も「ラ」の思い込みなくして「裸」にし、「裸体」と覚えておけば、そうそう忘れません。

また、完了（存続・継続）の助動詞「り」の接続は"寂しい"。つまり、サ行変格活用動詞の未然形もしくは四段活用動詞の已然形を、「サ・未」「四・已」として言葉にして覚えるわけです。

さらに、『マドンナ古文』（荻野文子・学習研究社）に出てくる助動詞の接続のゴロは愛用していました。

未然形接続：「む」「ず」「むず」「す」「る」「じ」「さす」「しむ」「らる」「まし」
→**ムズムズする痔。さするとしむ（しみ）る。さすらる（られる）とまだマシ。未然に防がまほしよね。**

連用形接続：「けり」「つ」「き」「たり」「ぬ」「けむ」「たし」
→**ケリつきたりぬ（ケリがついた）。もう用済みさ。しつこくされるのは煙たしね。**

終止形接続:「めり」「まじ」「なり」「らむ」「らし」「べし」

→メリーさん、マジになりすぎと伝え聞く。らむらむと輝くらしい彼の目にここは裸体で終わるべし!?

など。ちょっと表現が独特ですが……。

何が言いたいかというと、**「思い込みをなくす」こと**が、とても大切だということ。こんなふうにして、発想の転換をして、思い込みをなくしてみてくださいね。

2 「ひとひねり」術
数字を味方につけたもの勝ち！

"覚える項目"の思い込みを取り去るだけで、ゴロ合わせのバリエーションが大きく広がることがわかったと思います。

でも、それだけではありません。"結びつける音"のほうはどうでしょう。

たとえば数字なら、「1」なら「い」とか「ひ」。「2」なら「に」とか「ふ」という言葉に置き換えて、ゴロ合わせをつくります。それだと、できる言葉も限られてきますよね。

そこで、「1」→「A」→「えー」。「2」→「B」→「び」。「3」→「C」→「しー」という要素を加えてみる。

これがややこしければ、「1」→「ワン」「わ」。「2」→「ツー」「つ」。「3」→「スリー」「す」という要素を加える。

さらに麻雀のわかる人なら、「1」→「イー」、「2」→「リャン」「り」、「3」→「サン」などを加えてもいいです

76

し、「アン」「ドゥー」「トロワ」でもかまいません。

　また、最初の音が数字と同じ音を持つ単語とかもいいでしょう。1ならイヌ、2なら忍者、3なら三角。自分なりに、数字から連想できる単語を考え出してみてください。たくさん思いつくはずです。

　さらに、形を使うこともできます。1、2、3……の数字を何かの形に見立てるのです。

　1は人差し指のイメージから指、2はハンガー、3は耳、4はおにぎり、5は芽が出た種、6はおたまじゃくし、7はくちばし、8は雪だるま、9はバスケットボールのダンクシュート、10はバットとボールで野球……。前のページの図を見ていただければ、よくわかるでしょう。

　要は自分さえわかれば何でもかまわないのですが、それだけでもバリエーションが一気に広がるとは思いませんか？

　ちなみにわたしが東大を受験したときは、次ページの表のような"置き換え方"のバリエーションをつくっていました。参考にしてみてください。

ゴロ合わせの数字の置き換え方の例								
1	2	3	4	5	6	7	8	9
い	に	さん	よん	ご	ろく	なな	はち	きゅう
ひ	ふ	み	し	いつ	むつ	な	やつ	く
A	B	C	D	E	F	G	H	I
え	び	し	でぃ	いー	えふ	じ	えい	あい
ワン	トゥ	スリー	フォー	ファイブ	シックス	セブン	エイト	ナイン
イヌ	忍者	三角	吉野家	吾郎	労働	葉っぱ	闇	弓道
指	ハンガー	耳	おにぎり	種	おたまじゃくし	くちばし	雪だるま	ダンクシュート
あ、わ、イー、アン	ツ、リャン、リ、ドゥー、と	トロワ、す	で、よ、ふ	こ、子(→こ→ご)、ふぁ	ろ、む、絵筆(→えふ)、クス	ウルトラマン(セブン)、ブン(→セブン)	は、や、糸(→えいと)	急、愛、ナイ

2 「ひとひねり」術
視点を変えたらNEWワールド

たとえば日本史の参考書などにも、ゴロ合わせの年号暗記法はたくさん出てきます。それをズラッと見ると、あることに気づきます。

何だと思いますか？

もし索引などをつくってみたら、その答えは一発でしょう。ほとんどのゴロ合わせが、「い」とか「ひ」という言葉で始まっているのです。どうしてかはわかりますよね。「いい国（1192）つくろう鎌倉幕府」でもご承知のとおり、1191年までの日本は平安時代なのです。だから覚えるべき年号は、ほとんど1000年以降。つまり、最初が1だから「い」や「ひ」で始まるのが大多数になるのです。

でも、そもそも最初の1って、必要なのでしょうか？

たとえば、鉄砲が種子島に伝来したのは1543年です。これを「５４３」と覚えたら、支障があるか……。

「鳴くよ（794）ウグイス、平安京」が平安時代の始まりとわかっていれば、まさかそれ以前に鉄砲が入っていたと

は思いませんよね。要するに、頭の「1」は、別にゴロ合わせに入っていなくても構わないのです。

だから、こんなゴロ合わせが可能になります。

鉄砲売ります。ご予算(543)**は？**→1543年

同様に、こんなゴロ合わせも可能です。

苦闘(910)**の始まり、日韓併合**→1910年
内務(716)**改革、徳川吉宗[享保の改革]**→1716年
桶狭間ゴロー(560)**[桶狭間の戦い]**→1560年

もちろん、世界史だって同じです。1000年といえば、ヨーロッパは中世でイギリス(イングランド王国)、フランス、ドイツ(神聖ローマ帝国)がようやく顔を出してきて十字軍が始まるころ。中国では、宗という王朝の時代です。

この流れを把握しておけば、コロンブスのアメリカ大陸発見(1492年)のあとで、イスラム帝国が成立(750年)……という誤解は起こりませんよね。

もう一つ世界史には紀元前という時代区分がありますが、これだって0年がイエス誕生で、それがローマ帝国の時代のことと知っていれば、とくに意識する必要はないと

思います。

　ただこれだけのことで、"ゴロ合わせの世界"がかなり広がっていくと思いませんか？

　わかりやすいから年号で説明しましたが、これは他の科目でも同じことなのです。たとえば生物には、「呼吸商」という概念が出てきます。「単位時間当たりのCO_2排出量」ということですが、覚えなくてはならないのは次の値です。

脂質：0.7
たんぱく質：0.8
炭水化物：1.0

わたしはこれを、

「シチぼう（7ボウ）たんパく質（たん8く質）テン水化物（10水化物）」

と覚えていました。値の大きささえ把握しておけば、10倍したって問題はないのです。0.7という数にこだわっていては、暗記なんてできません。

2 「ひとひねり」術
"最初の1文字"だって十分に効果的!

「最初の1文字だけを覚えておく」という方法だって、暗記には非常に効果的です。たとえば、「べし」という助動詞の用法は「スイカトメテ」と覚えます。

ス	**推量**	……～だろう・～にちがいない
イ	**意志**	……～するつもりだ・～したい
カ	**可能**	……～できる
ト	**当然**	……～するはずだ・～しなければならない
メ	**命令**	……～しなさい
テ	**適当**	……～するのがよい

　この「スイカトメテ」を覚えるのはたやすいのですが、「べし」と結びついているかどうかが一つのネックになります。さらに「推量」とか「意志」というキーワードが頭に浮かんでも、それが「～だろう」とか「～したい」という正しい訳に結びつくかどうかには、ワンクッション必要ですね。

スイカトメテ
"推量 "意志 "可能 "当然 "命令 "適当

…となるのね。

間違った例。

スイカを止めてェエエエ

ゴロゴロゴロ

ヒィィ

それで現実の問題になると、たとえば「『何をか参らすべき』という文句を訳しなさい」という形で出題されます。だから、これだけ覚えてどうなるということではないんです。

　それでも、このゴロ合わせが頭に入っていることで、正解にはグッと近づきます。

　自分で問題を解き「あー、そうだった！　べしはスイカトメテだった！」なんて繰り返しているうちに、だんだんと自然に訳すことができるようになっていくのです。

　逆に「べしはスイカトメテだった！」がないと、膨大な数のパターンを暗記するのは簡単ではありません。だから同じ間違いを何度も繰り返します。たった一つの引っかかりをつくっておくだけで、暗記の速度ははるかにアップするのです。

　1文字でもオーケー、意味がなくてもオーケーなら、ゴロ合わせはそれこそ無限に広がっていきます。たとえば、こんなフレーズ。

「古今集、後で拾ってまた後で、金詞千新古今」

　文学史でも日本史でも出てくる勅撰和歌集の"八代集"

勅撰和歌集の"八代集"とその順序

センター試験国語頻出！

世紀	覚え方	和歌集
10世紀	古今集、	→古今和歌集
10世紀	後で	→後撰和歌集
	拾って	→拾遺和歌集
11世紀	また後で、	→後拾遺和歌集
	金	→金葉和歌集
	詞	→詞花和歌集
12世紀	千	→千載和歌集
13世紀	新古今	→新古今和歌集

の順序。特にセンター試験の国語には頻出です。

「古今和歌集→後撰和歌集→拾遺和歌集→後拾遺和歌集→金葉和歌集→詞花和歌集→千載和歌集→新古今和歌集」をもじったものです。

「金」から「葉」が出てくるか、「詞」から「花」が出てくるかなど、まだまだゴロ合わせのあとの課題はあります。でも1文字出てくるだけでも、実際に思い出す確率は高くなりますよね。
「あー、答えが思い出せない。最初の1文字だけでもヒントを……」なんて思うとき、みなさんだってありませんか？

　また、センター試験では細かい年号まで覚える必要はありません。できた順番と、おおよそ何世紀にできたか、ということだけ押さえておけばいいのですから、このゴロ合わせを覚えるだけでもう十分です。

　それに、最初のうちは完璧に覚えようなんて思わなくていいのです。「ゴロ合わせでヒントをつくっておこう」という感覚のほうが、暗記にはずっと効果的だと思います。

1 「ゴロ合わせ」術
言葉の中のパーツに注目！

　覚えるべき言葉の中の1部分に注目してみることも面白いですよ。

　たとえば、「1字違い」を見てみましょう。英単語でみなさんがよく知っているのは、コマーシャルでよく使われていた、

「**mother**、mを取ったら、**other** ＝ 他人です」

でしょうか。これは他にも結構あります。

　particle ── **article**
　slaughter ── **laughter**

和訳もつけて覚えてしまいます。

> 「粒子の論文」
> 「笑いながら虐殺する」

また、母音が違うのもありますね。

bandage ― bondage

「包帯で束縛する」

「1文字同じ」だって使えます。日本史で出てくる天皇。

崇峻天皇
崇道天皇
崇徳天皇

さらに、

崇徳天皇
安徳天皇
順徳天皇

こうやって、同じ漢字を含む天皇をグループにして覚えてしまう。

漢字の「1字同じ」だけでなく、読み仮名の「1字同じ」だって使えます。
日本史に出てくる「渡来人と子孫の氏名(うじな)」の対応では、

こうやっていました。

阿知使主(あちのおみ)　→　**東漢氏**(やまとのあやうじ)

王仁(わに)　→　**西文氏**(かわちのふみうじ)

弓月君(ゆづきのきみ)　→　**秦氏**(はたうじ)**（同じタ行）**

同じ覚え方をしている人は意外に多かったです。
　言葉の中のパーツに注目するといえば、漢字を覚えるときにも役に立ちます。

　たとえば、「レモン」という漢字、書けますか？
「檸檬」が正解ですが、これは、「檸」の中の「四」、「檬」の中の「二」さえ覚えておけば、あとは案外すらすら出てきます。薔薇や躊躇にしても同じこと。複雑な漢字でも、パーツに注目することで覚えることができるのです。
　みなさんも、言葉のパーツで遊んでみてくださいね。

2 「ひとひねり」術
意味深なカンケイを見逃さないでね

ステップ 2 　単純なことを暗記する

次の英単語と英熟語の意味がわかりますか？

「visit」「call」「drop in」「stop by」

答えはどれも「訪れる」とか、「立ち寄る」という意味です。

この4つをまとめて覚えておけば、たとえば「drop in」という言葉が出てきたときに、「ああ、これはvisitと同じだ」と思い出すことができますよね。

さらに、これらの単語には共通点もあります。「call」「drop in」「stop by」のどれも、あとに「人」がくるときは前置詞の「on」が、「場所」がくるときは前置詞の「at」がきます。

〈～を訪問する〉
a） call on ＋ 人
　　 call at ＋ 場所
b） drop in on ＋ 人
　　 drop in at ＋ 場所

c) stop by on ＋ 人
　 stop by at ＋ 場所

となるわけですが、「visit」と合わせて合計7個。これがいっぺんに暗記できてしまうわけです。こんなふうにまとめていくだけで、テスト前に暗記しなければならない量が、ずいぶん少なくなると思いませんか？

実際にそのとおりで、よく新しい単語が出てきたときは、辞書で「関連する語」とか「反対語」なども調べていくように言われますね。たとえば「visit」と出たら、「visitor

動詞の連想暗記

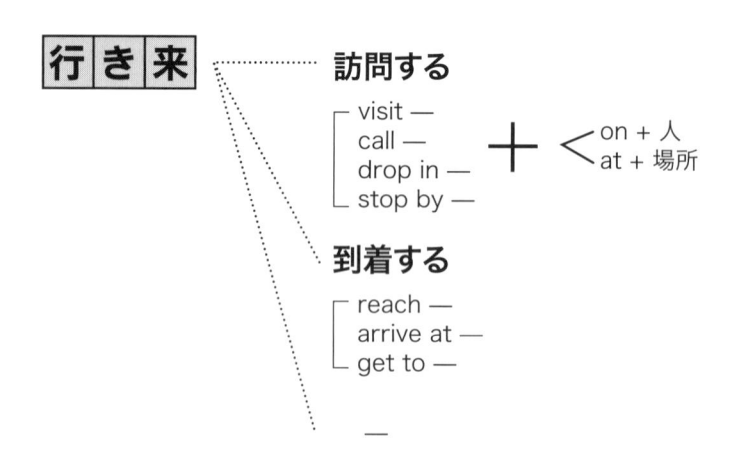

|行|き|来|

訪問する
- visit ―
- call ―
- drop in ―
- stop by ―

＋ < on ＋ 人 / at ＋ 場所

到着する
- reach ―
- arrive at ―
- get to ―

　―

（訪問者）」とか。同義語や反対語、同じ語源、派生語など、意味ごとに仲間分けして覚えていくオーソドックスな方法はやはり有効なのです。

英単語でいえば、他にも同じ発音もひと括りにして覚える方法もありますね。例えば、**bery**（発音記号「béri」）と**bury**（発音記号［b´eri］）とか。

これらは、量を増やすのではなく、最終的には"効率をよくする"効果があるのです。

では、もう一つ、単語の暗記の例を挙げます。
次の言葉を英語で言ってください。わかりますか？

「創造的な」「造形」「社会基盤」

わからなかった人は、次のように言葉を置き換えたらどうなるでしょう？

「クリエイティブな（人）」「フィギュア」「インフラ」

もう答えはそのまんまですよね。
「creative」「figure」「infrastructure」

英単語の中には、知らず知らずカタカナで日常的に使っている言葉がたくさんあります。さらには歌の名前や映画の名前など、カタカナ英訳はあふれています。そうでなくても、一度「カタカナで訳す」ことができるようになってしまえば、スペルに転換するのも早くなるのです。

・化学 → ケミストリー → chemistry
・社会的な → ソーシャル → social
・調査する → インヴェスティゲイト → investigate

「調査する」から「investigate」に飛躍しようとしても、英語が苦手な人には難しいかもしれません。
　しかし最悪でも「インヴェスティゲイト」だけ覚えておけば、頭の中に"引っかかり"はできるのです。次に見るときは、印象が残っているはずです。
　このように、読み方に注意してカタカナで考えて、意味を考えていくのも手なのです。

2 「ひとひねり」術
ヲタクの"インパクト"法を見習う

　勉強する学生にインパクトを与えてあげようということは、先生も予備校の講師も参考書をつくる人たちも、みなさん考えていることです。

　有名なのは、いわゆる「もえたん」(『萌える英単語・もえたん』三才ブックス)という参考書ですよね。わたしはさすがに使いませんでしたが、要するに可愛い女の子のキャラクターと一緒に英単語を覚えてしまおうというものです。ほかにも猫好きの人向きには「ねこ単」と呼ばれる古文単語集もあります。こういう分野が好きな人にはたまりませんね。

　先生だって、そういう努力はしているのかもしれません。だからよく、面白くしようと、関連知識とか、言葉の語源とか、深いところまで説明してくれる先生がいらっしゃいますよね。これも生徒に、「へえ〜」とか「なるほど」のインパクトを実感させようと、一生懸命に工夫してくださっているのです。

ただ、インパクトのある教材にしろ、インパクトのある授業にしろ、問題が一つあります。

教わる自分たちがインパクトを感じなければ、意味はない！

　当然ですよね。
　たとえ「絵が可愛い」とか、「面白いことをいっているなぁ」なんて感じてはいても、覚えたい項目と結びついていない限り、記憶には残らないのです。
「もえたん」や「ねこ単」は、自分の興味ある分野と、覚えたい項目がうまく結びつき、"インパクト"が生まれるようになっているから有効なのです。

自分の好きなことと暗記がうまく結びつけば、それだけ興味が増して、頭に入ってくるのですね。

　さらに、「インパクトを感じよう」として勉強すれば、普通の教材だって、普通の授業だって、強い"引っかかり"をつくることはできるのです。それには自分に合ったものを、自分で探していくことが肝心なのです。
　そういう意味では、歴史などで教科書に「肖像画」が出てきたときなど大チャンスですよね。自分なりにちょっと遊んでみるだけで、記憶には一層、残すことができるようになりますよ。

2 「ひとひねり」術
"ゴロ合わせ"を応用しちゃおう

　ゴロ合わせは、数学の公式にだって使えます。たとえば覚えるのにやっかいなものに三角関数がありますが、高校時代尊敬していた数学の先生が次のように教えてくれました。

●サイは、サイコロ

$\sin(\alpha+\beta) = \sin\alpha\cos\beta + \cos\alpha\sin\beta$

サイ和サイコロ

●サイサは、コロサ

$\sin(\alpha-\beta) = \sin\alpha\cos\beta - \cos\alpha\sin\beta$

サイ差はコロサ

●コロは、コロコロ

$\cos(\alpha+\beta) = \cos\alpha\cos\beta - \sin\alpha\sin\beta$

コロ和コロコロ

三角関数の公式の覚え方（ゴロ合わせ）

サイは、サイコロ

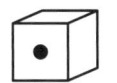

$\underset{\text{サイ}}{\sin} (\alpha \underset{\text{和}}{+} \beta) = \underset{\text{サイ}}{\sin\alpha} \underset{\text{コロ}}{\cos\beta} + \cos\alpha \sin\beta$

サイサは、コロサ

$\underset{\text{サイ}}{\sin} (\alpha \underset{\text{差}}{-} \beta) = \sin\alpha \cos\beta - \underset{\text{コロ}}{\cos\alpha} \underset{\text{サ}}{\sin\beta}$

コロは、コロコロ

$\underset{\text{コロ}}{\cos} (\alpha \underset{\text{和}}{+} \beta) = \underset{\text{コロ}}{\cos\alpha} \underset{\text{コロ}}{\cos\beta} - \sin\alpha \sin\beta$

コロサば、シネシネ

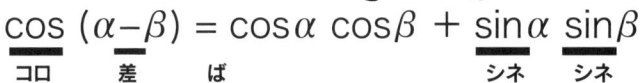

$\underset{\text{コロ}}{\cos} (\alpha \underset{\text{差}}{-} \underset{\text{ば}}{\beta)} = \cos\alpha \cos\beta + \underset{\text{シネ}}{\sin\alpha} \underset{\text{シネ}}{\sin\beta}$

ステップ **2** 単純なことを暗記する

● **コロサば、シネシネ**
$\cos(\alpha - \beta) = \cos\alpha\cos\beta + \sin\alpha\sin\beta$
コロ差ばシネシネ

「サイン→サイ」「コサイン→コロ」「＋→和」「－→差」と置き換えていますが、見てわかるとおり、このゴロ合わせは不完全です。

たとえばサインのほうの式にしても、コサインのほうの式にしても「サイコロ」と「コロサ」、「コロコロ」と「シネシネ」の部分は同じです。つまり、「サイ差」が「サイコロ」であっても、まったくかまわないわけですよね。

さらにややこしいところは、コサインの式の場合、分解したときに「＋」と「－」が入れ替わります。だから「コロは、コロコロ」のあとの「－」を確実に覚えなければならないのですが、ゴロ合わせはこの部分をカバーしていません。

それでいいの？　……と思うのですが、結論を言うと、それでいいんです。

やはりゴロ合わせで大切なのは、あくまで"引っかかり"ができるということなのです。現実にこの言い方で覚えたわたしも、最初のうちは「コロコロ」のあとの「－」を間違えることはありました。それでも形が何となくゴロ合わ

せでイメージできているから、何度も繰り返すうちにマスターすることができました。

初めての知識→ゴロ合わせで"引っかかり"をつくる→反復で完全にマスター

こんなふうに考えておいたほうが、確実な暗記をするには近道なのです。

そして、ここまで広がると、オキテ破りの"逆・ゴロ合わせ"だって可能になるのです。

みなさんは、銀行の暗証番号などを決めるとき、どのようにして決めますか？

適当に「３９４９」なんて決めて、「サクヨク」なんて覚えようとしても忘れちゃいますよね。いくらゴロ合わせにしても、当の「サクヨク」が自分に密接な言葉でないから、これもなかなか頭に入らないのです。

かと言って、それで忘れないようにメモ帳に書いたら、暗証番号の意味がありません。だから仕方なく、多くの人が誕生日とか、電話番号とか、"最初から覚えられる数値"を使ってしまいます。

暗証番号がこれではいけませんが、数値の暗記にこれを逆利用したらどうでしょう？

たとえば、わたしの「とくだ」という名前を"数字化"してみる。「10・9・D→4」で、「１０９４」なんて……。
　それで、たとえば世界史の年表で、「この年に何か起こってないか」と見てみる。
　ところが世の中はそんなにうまくいきません。覚える必要のある事項は、この年に起こっていません。
　でも１年あとを見ると、1095年に「クレルモン公会議」というのが行なわれています。これはローマ教皇のウルバヌス２世が、イスラム支配下にある聖地エルサレムの奪還を呼びかけた会議で、1096年には「第一回十字軍」が始まります。すると、

"とくだの年"だ。来年（1095）には十字軍を呼びかけて、次の年には始めないと……。

　なんて、自分自身にしかわからないけれど、"かなり忘れにくいゴロ合わせ"ができてしまうのです。
　さらにこんなきっかけで、自分を教皇ウルバヌス２世に結びつけると、もっと周囲の人を関連づけて暗記を深めることもできます。その方法はステップ４のところで説明しましょう。
　いずれにしろ、こんなふうに逆転させたゴロ合わせは、いくらでも可能です。あなたもどんどん、自分自身で作成してみてはいかがでしょうか？

ステップ3

テクニックを押さえる

1 「ツールをつくる」術
ノートのとり方で成績が変わります

　ノート一つで、やはり勉強の効率はかなりよくなると思います。わたしなどはまだまだ未熟でしたが、予備校のときに、ノートがすごくわかりやすくて、みんなが借りたがっていた友だちがいました。成績もやはりよかったと思います。

　彼のやり方は、それほど難しいものではありませんでした。ただノートを3つに分けていたのです。「板書」と「自分のメモ」と「覚えるべき大事なポイント」にです。

　しかも隙間なくビッシリ書いたりせず、あとで埋められるように、十分な余白をつくっていたのです。だから最終的なレイアウトも、非常にキレイなものになっていました。

　普通の人は面倒くさがってしまうのですが、これだけ丁寧にルールをつくっておくと、あとで見直すときに手間がかかりません。しかも見た目が頭に入りやすく、自分なりのメモもあるため、「ここはノートのあの部分に書いたな」という感じで、テストのときにも有利になります。ノートをとる段階で、すでに"引っかかり"もできてしまうわけ

です。

　もちろん「絵を描く」でも、「色を塗る」でもいいのですが、ノートに**自分なりのルールや"こだわり"**をつくっておくといいと思います。そうすれば、ノートをとる作業が「ただ写すだけ」ではなくなります。自分なりの思考が入るぶん、脳の中に保存されやすくなるのです。

　さて、ノートについて、根本的なことをお話します。
　それは「ノートの使い分け」ということです。
　実をいうとわたしは、科目ごとにそれぞれ3種類のノートを別に使用していました。大まかにいえば、次のようになります。

・予習用のノート
・板書用のノート
・暗記用のノート

「予習用のノート」とは別に、復習用のノートを用意している人は多いかもしれません。また授業で使うノートと、これらのノートを別にしている人もいると思います。ただわたしは、予備校に限っては予習用と板書用を一緒にしていました。

　実は予習と復習、どちらが大切かといえば、圧倒的に復

習です。こと暗記に関していえば、いかに効率よく復習するかがカギであり、人によっては「予習なんてしなくていい」という意見もあるほどです。

　ところがわたしの場合は、残念ながら1年、浪人してます。つまり、予備校での授業は、すべて基本的には「学校で学んだことの復習」ということになります。だから再確認するという意味でも、授業の予習をきちんとやって臨んだわけです。

　その構図は、次のようになります。
● **予習＝勉強の再確認（理解しているかどうか）→授業（理解）→復習→暗記へ**

　予習と授業のノートは、基本的に同じです。ノートの見開きの左側のページに予習して、自分なりの理解をまとめておく。そして授業の板書や先生の説明を右側のページに書いて、補足していきます。
　たとえば予習の段階でまったくわからなかったところなどは、左側は白紙にしておきます。そしてあとで授業を聞き、赤や青の色ペンで、右側のページに「自分が理解していない部分」ということがわかるように書き込みます。
　その結果、"いまの暗記度"が一目でわかるようなノートが、予習と授業の段階ででき上がります。これをテキス

トにして確認するのが復習です。

　だからこの段階の復習は、わたしの場合は非常に大雑把なものでした。問題を解き直したり、覚えにくい単語や計算を繰り返し書いて練習するだけ。復習のときに書いたものを読み返すことはほとんどありません。復習用のノートを丁寧につくるのは時間の浪費が大きい。そのためノートはつくらず、広告の裏を使ったりしていました。

　もちろん暗記するためには、繰り返しノートを見る必要がありますね。板書用のノートだけで、これができるとは思いませんでした。だから改めて「暗記用のノート」をつくったのです。

「暗記用のノート」って何？
　そう思うと、期待されるかもしれませんね。でも、ネタを明かしてしまえば「カード」なり、「ワークシート」といったものです。
「なあんだ、それならわたしも使っています」とおっしゃるでしょうか？

　でも、ちょっと普通とは違うのです。

1 「ツールをつくる」術
暗記ノートはこうやってつくる

　たとえばテストのために暗記するとき、みなさんはどんな方法を試みたでしょうか？

　ポピュラーなのは、「隠す」という方法です。

　表に日本語が書いてあって、裏に英単語が書いてあるカードなんかは典型的です。またノートの文字を緑色の太ペンでなぞり、赤いシートを被せると見えなくなるという、受験用の秘密兵器だってありますよね。

　この「隠す暗記法」で重要なことは何だと思いますか？

　それは"成果がわかる"ということです。

　これはテストとクイズを比べてみれば、よくわかると思います。

> 「平安時代の10世紀、関東地方で反乱を起こした人は誰か？」
> 「平安時代に天台宗を起こした人物は？」

　どちらも平安時代に活躍した人物を問う、似たような問

題ですね。おまけに両方とも4択でした。

でも、前者は日本史の参考書から引っ張り出したもの。後者はテレビ番組「クイズ＄ミリオネア」で、みのもんたさんが出していた問題です。

もちろんクイズにはさまざまなものがあるでしょうが、知識を問われることに関しては、勉強と基本的に変わらないのです。

それなら、どうしてクイズは楽しんでやれるのに勉強は苦痛になるのかというと、大きくはモチベーションの問題だと思います。

クイズには「正解した！」という喜びがある——。
勉強は不正解すると、合格できるか不安になる——。

だから暗記するときも、「答えを出すぞ」より「ミスをしないぞ」のほうが強く気持ちに表れてしまうのです。

でも、こういう気持ちでやっていると、繰り返し覚えるのが苦痛になりますよね。そうすると暗記の効力も薄れていくし、完璧に暗記するまで根気も続きません。

それならば、「正解した！」とか、「前よりも覚えているぞ！」というモチベーションをつくってあげればいいのです。

そこで"シートを被せる"暗記法を考えてみてください。
　たしかにわたしも、この種のシートを使いました。自分がとっているノートの覚えたい箇所を塗りつぶすだけでいいのですから、非常に手軽。キーワードを隠して「何だっけかな……」と考える。そしてシートを外して、「あっ、そうか」と確認する。たったそれだけでいいのです。

　ところが、シートの欠点は、自分の成果をつかみにくいことです。得点も出しにくいし、正解率もつかめません。
　よって、モチベーションが上がりにくいのです。
　さらに「自分が間違ったところを再び繰り返す」ときに、またノートを見てそこを探さなくてはなりません。だから面倒くさい作業になってしまうし、実際には探している過程で答えを見てしまうケースも出てきます。
　結局、シートの暗記法の場合は、「最後までパーフェクトに暗記する」ということをほとんどやらなくなります。だから必ずしも効果的とはいえないのです。

　では、クイズを解くようなモチベーションをつくるためには、どんな暗記法があるのでしょうか？
　もちろんカードというのは、一つの方法です。
　一括りの問題数は多くなってしまいますが、リングを取り外しできるので、間違ったカードだけをまとめて、次々

漢文文法と自信度チェック（例）

語句	読み方	意味	ポイント
将	まさニ〜ントす	〜しようとする	未然形＋ントす
猶	なホ〜ごとシ	まるで〜のようだ	名詞＋のごとシ／連体形＋がごとし
為A所〜	Aノ〜(スル)ところトなル	Aに〜される	受身
不敢	あヘテ〜ず	無理には〜しない	否定
不敢不	あヘテ〜ずンバアラず	〜しないわけにはいかない	二重否定
敢不	あヘテ〜ざランや	〜しないはずはない	反語
雖	いヘドモ	確かに〜だが／かりに〜でも／きっと〜する	仮定／確定　文脈で判断！／名詞／終止形 ＋トいヘドモ
不知	しカず	〜に及ばない	比較＝不若
不唯	ただニ〜ノミナラず	ただ〜だけでなく	累加
如何	いかんセン	どうしようか？／どうしようもない！	疑問／反語　文脈で判断！
以為〜	もっテ〜トなス	〜にする、〜と思う	（おもヘラク〜ト）
以A為B	AヲもっテBトなス	AをBにする／AをBと思う	

このようなカードに手書きで書いていこう！

とクリアすることで達成感をつくっていくことができます。だからわたしも、当然のごとく使っていました。

　ただ、それ以上に実践したのは、もっと原始的な方法です。
　どういうものかといえば、いたって簡単。Ｂ５の紙を半分に切った紙（Ｂ６）に線を引いて２段ないし３段に分け、上に単語や熟語、あるいは事件名や用語名を書く。そして下に、それらに対応する意味や年号、また人物名などを羅列して書くだけのものです。
　前のページに例示したのは、漢文でわたしがつくったものです。３段に分けていますが、上に返り点もないそのままの語句。真ん中に読み方。一番下に意味が記述されています。欄外には解釈上のポイントをつけました。
　まさに国語や古文の単語や文法、数学の公式、英単語・英熟語・英文法、社会の科目に理科の科目の要素と、単純な暗記なら、さまざまなバリエーションで、どんなテーマでもこのノートはつくれるでしょう？

1 「ツールをつくる」術
暗記効果を高める自信度チェック

ステップ **3** テクニックを押さえる

　暗記ノートは、覚え方もご想像どおりです。下敷きでも何でもいいから、上か下かどちらかを隠す。そして１行ずつ解いていく……と、ただそれだけの方法。

　それでもメリットは非常に大きいのです。

　まず第一に、分量が適度ということです。

　Ｂ６の大きさだと、１枚に20項目くらいの事項が記入できます。そうすると短い時間でも苦にならないし、成果をすぐに集計できます。もちろん大きさとしては、電車の中でもチャレンジできるくらい手軽なサイズということもあります。

　そして採点は、×と△と○の自信度チェック方式で行ないます。

＜自信度チェック＞
- **自分がまったくお手上げだったところ……×**
- **挑戦しているけど、まだ完璧でないところ……△**

●完璧にマスターしたところ……○

といった具合です。

これも自分が覚えるべきところをはっきりさせるための工夫であり、実は次の「勉強をゲーム化する」という方法とも関連しています。また、問題を解いていくときにも有効です。

ひと通り解いて、その結果を上に書いておけば、次は×や△のところだけやればいい。そうして１枚を完全にマスターするところまでやりますから、漏れはなくなります。おまけに、自分の勉強が進んでいることも把握しやすいのです。

もちろん１回覚えただけでは記憶が定着しませんから、今度は間違ったところだけ編集して、新しい「暗記ノート」をつくります。また角度を変えて、シャッフルした形でノートをつくることもあります。その都度、自分でこれをつくりますから、解く前の段階で何度もアウトプットすることができます。

ですから、必然的に暗記できるようになっていくのです。

実際にこれをやっていくと、何枚クリアするかとか、パーフェクトが何回出たとか、だんだんとゲーム性も出てき

自信度チェック

○○ **将**…まさに〜ントす

△△ **樽**…なホ〜ごとシ

○× **為Ａ所**…Ａノ〜（スル）ところトなル

△△ **不敢不**…あヘテ〜ずンバアラず

○× **不敢**…あヘテ〜ず

△△ **敢不**…あヘテ〜ざランや

ます。20回くらいのものですから、飽きてイヤになることもありません。

　簡単なことですから、ぜひ少しずつでも試してみることをオススメします。もちろん参考書の付録などで似たようなものもありますが、自分ならではのものをどんどんつくっていくことがポイントだと思います。

　ただし、この「暗記ノート」より、カードをつくったほうが適しているものも、中にはあります。

　一つは英単語のように、単純でありながら量の多いもの

です。ただカードはとかくやみくもになりがちなので、わたしは最初にカードをつくり、自分が難しいと思うようなものだけを「暗記ノート」に摘出するような方法で覚えていました。そのほうがモチベーションがある状態で、効率的に覚えられると思います。

　もう一つは、その反対に「複雑なもの」です。たとえば、難しい数学の問題の解き方など。

　えっ？　複雑なものをカード暗記？

　疑問に思われるでしょうが、ちゃんと意味があるのです。それは後のステップ4のところで、きちんと説明しましょう。

1 「ツールをつくる」術
暗記だってビジュアル重視

　ビジュアルなもので示された刺激は、脳にも比較的、残りやすいようです。みなさんは「マインド・マップ」というものを聞いたことがあるでしょうか？

　これは放射線状に情報を描くノート法で、イギリスのトニー・ブザンという人が開発したもの。発想力をはじめ、記憶力の強化にも使われているようです。

「マインド・マップ」が向いている人は、ノートの取り方を積極的に「マインド・マップ」方式に変えていくと効果が上がるかもしれません。ただ、上から順番に書いていく方法に慣れている人もいるので、自分に合うやり方を選ぶようにしてくださいね。

　やり方の詳しいことは『人生に奇跡を起こすノート術』（きこ書房）という本を読んでいただくといいのですが、その本にはこんなことが書いてあります。

「脳は、色や形、線、質感、視覚的なリズムに訴えるもののほうを、より効果的に認知し、伝達していくものなので

ある。そもそも、イメージ、イマジネーションという言葉は、ラテン語で『心に絵を描く』という意味の『イマジナリ』から発展した言葉なのだ」

　つまり「絵を描く」ということで、記憶は強化されていくのです。だったら簡単なこと。ノートをとるとき、あるいは暗記カードをつくるときなどに、**積極的に"落書き"** をしていけばいいのです。
　たとえば、似顔絵な得意な人だったら、日本史や世界史の登場人物なんて、格好の材料ですよね。それでテストのときには、「えーと誰だって、そうそう顔を書いたじゃない。あっ、あの人だ……」と、出てきやすくなりますよね。

　さらに記憶するにあたって、ゼッタイに絵を描いておく必要のあるものもあります。生物で出てくる図とか、日本史・世界史・地理の地図などです。
　これらは最初からビジュアルなものなので、自分で描いてみたほうが絶対に覚えられます。でも正確に書こうとすると難しいし、ましてや何度も書き直すとうんざりして、ついあきらめがちになります。

　だったら最初から簡略化して、自分の覚えやすいように描いてしまえばいいのです。

[生物] 植物ホルモンの作用の覚え方

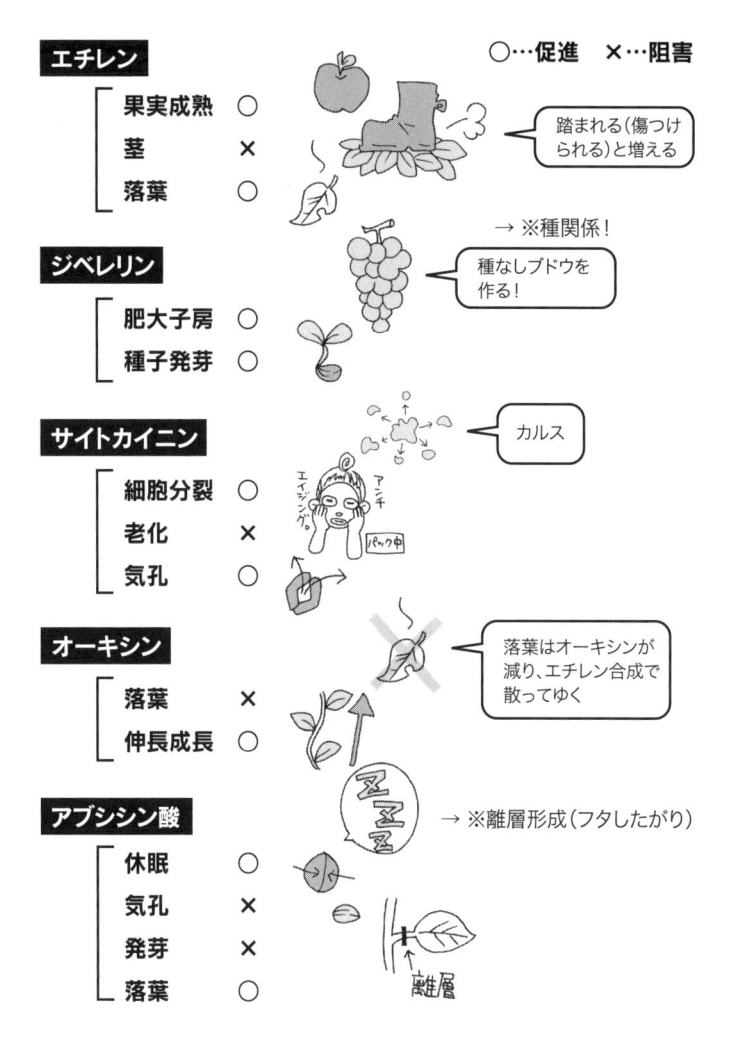

○…促進　×…阻害

エチレン

- 果実成熟　○
- 茎　×
- 落葉　○

踏まれる(傷つけられる)と増える

ジベレリン

→ ※種関係！

種なしブドウを作る！

- 肥大子房　○
- 種子発芽　○

サイトカイニン

カルス

- 細胞分裂　○
- 老化　×
- 気孔　○

オーキシン

落葉はオーキシンが減り、エチレン合成で散ってゆく

- 落葉　×
- 伸長成長　○

アブシシン酸

→ ※離層形成(フタしたがり)

- 休眠　○
- 気孔　×
- 発芽　×
- 落葉　○

特に歴史など、時代によっては細かい国がいくつも群雄割拠します。ここで重要なのは位置関係だけ、だから○で囲った国名を配置するだけだって、十分に頭に入るものなのです。
　ぜひ、自分なりの図や似顔絵やイラストなどもつかって、自分のノートをビジュアルで、面白いものにしてみてください。そのほうが、あとで読み返すときだって楽しいですよね。

1 「ツールをつくる」術
カラーとマークで さらに視覚的に

ステップ **3** テクニックを押さえる

　絵が苦手な人でも、誰かが見たら「何、これ？」と驚かれるくらい思っ切りノートをビジュアルにするテクニックがあります。
　それは「色を塗っちゃう」ということです。

　つまり絵を描かない代わりに、「色を塗る」ということで、頭に入りやすいノートをつくっていくのです。トニー・ブザンさんだって、真っ先に「色や形」とおっしゃっていますよね。もちろん、アンダーラインを引いたり、蛍光ペンでマークしたり、いわれなくても大勢の人がノートをカラフルにしているでしょう。
　ただ、うまく脳に引っかかりをつくる色の使い方にも、実はコツがあるのです。

　まず科学的に、人間が最も注目しやすい色は何色かご存知でしょうか？
　それは「赤」です。

赤は最も人間の注意力を惹きつけます。だからこそ信号の「止まれ」は、赤になっているのです。同様に、赤い色の服を着ている人は周囲で一番目立ちます。

　赤の次に目立つ色は、「黄色」です。これも信号では、「注意」のサインになっていますね。一般的に危険を知らせ、注意をうながすときの表示が黄色。「非常事態」とか、「入ってはいけない」とか、現実的な危機を知らせるときの表示が赤、ということになっていると思います。
　それ以外の色については、個人の好みによって順位が変わるようです。

・緑……安定
・ピンク……ロマンティック
・青……落ち着き
・紫……神秘

などといった効果があるようですから、好みによって使い分ける手段もあるでしょう。

　また、絵を書くのはどうしても苦手……という人でも、シンプルなビジュアル化なら、簡単にできます。

[生物] 光合成

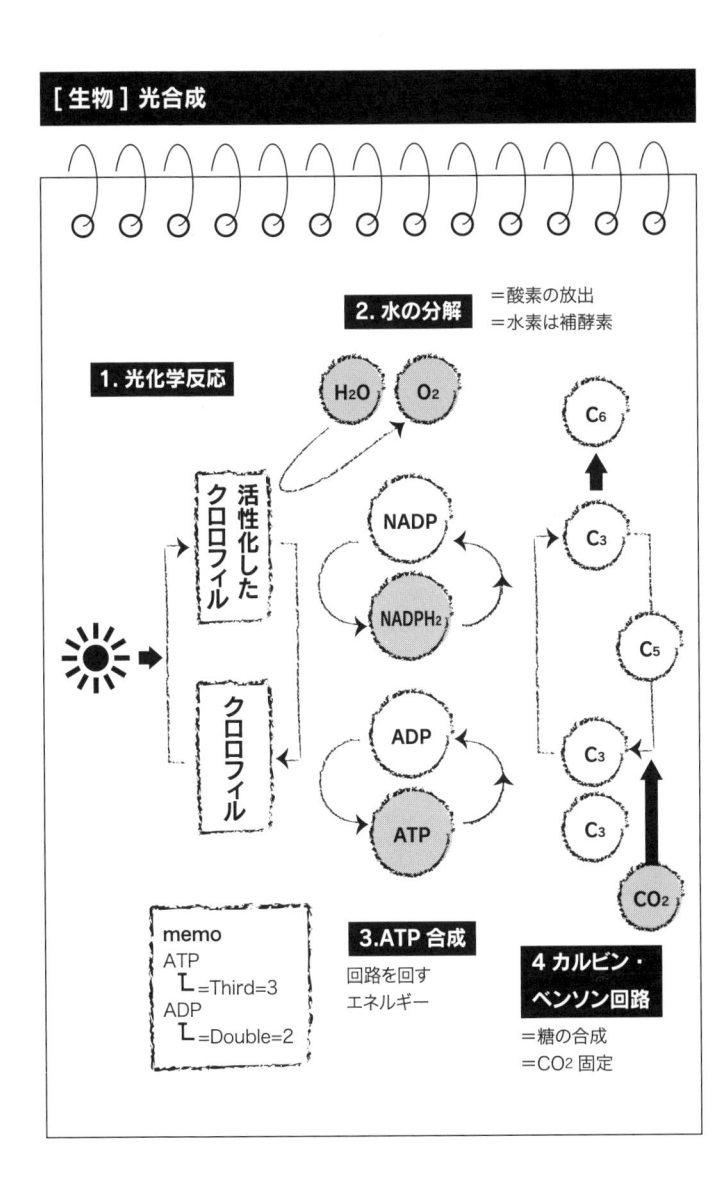

2. 水の分解
= 酸素の放出
= 水素は補酵素

1. 光化学反応

H_2O → O_2

活性化したクロロフィル

クロロフィル

NADP ⇄ $NADPH_2$

ADP ⇄ ATP

C_6
↑
C_3
C_5
C_3 ←
C_3
↑
CO_2

memo
ATP
 └ = Third = 3
ADP
 └ = Double = 2

3. ATP合成
回路を回す
エネルギー

4 カルビン・ベンソン回路
= 糖の合成
= CO_2 固定

ステップ **3** テクニックを押さえる

- 重要なことを○で囲ったりする
- 矢印で流れを示したり、線で関係を示したりする
- 記号などをふんだんに使って、ポイントが目立つようにする

　これらは「図解」の基本中の基本ですが、ただ箇条書きにするよりも、ずっと頭に入りやすいと思います。

1 「ツールをつくる」術
赤ペンで採点するのはオススメしません

　そこで、問題は最も目立つ色、赤です。

　赤ペンは、誰でもよく使いますね。とくに○をつけたり、正しい答えに直したりというとき、たいていは赤で行ないます。もちろん先生もそうやってテストの採点をしますから、何の疑いもなくほとんどの人がそうやっていると思います。

　では、そのようにして鉛筆で書いた答えを添削し、正しい答えを赤で訂正していった。そのとき当然、「ここをよく間違えるな」とか、「ポイントはここだったんだ」という重要事項が出てきますよね。

　これを何色で記載しますか？

　同じように赤？
　それとも、黄色や青など、別の色？

　もうわかりますよね。実は暗記しなければならない最重要点は、添削そのものではなく、"抜き出すポイント"な

のです。だからこそ最も目立つ「赤」をこの色にして、○つけや添削は青ペンや黄色を使ったほうが理想的なのです。

　ただし、すべての人に対して○つけのときに赤ペンを使うな、とはいいません。なぜなら、正解の答えに赤で大きく○をつけるのは、達成感を伴うからです。最も目立つ色で○をつけて自分を褒めれば、嬉しくなるのは当然ですから。
　しかし、間違えた答えをなかなか覚えられないという人は、抜き出すポイントを赤にし、○つけは青や黄色でやる方法を試してみてください。

　また、これは自分で問題集を解くときなどの注意点なのですが、カラフルにする効果が際立つのは、授業や復習などでノートにまとめるときです。
　そのとき最も目立たせる必要がある部分とは、どんな箇所でしょうか？

・学校の先生や予備校の講師が「ここは重要だぞ！」と言ったところ
・教科書でゴシック体になっているところなど、キーワードになっているもの

・参考書などで「出題頻度が高い」とされているもの

実は、そのどれでもありません。

暗記するに当たって重要なのは、**「自分がなかなか覚えられないところ」**とか、**「自分がよく間違えるところ」**なんです。

だからよく重要だからといって、すでに自分が覚えているところを赤で囲ったり、赤のアンダーラインを引っ張ったりする人がいますが、これでは効率のよい暗記ができません。「関係代名詞」という語句とか、「織田信長」という誰でも知っている人物などを、あえて一番目立つ形で記述しておく必要はないのです。

ちなみにわたしがノートをとるときには、次のような基準で色分けをしていました。

・板書しているときに講師が「重要だ」と言ったところ……青
・説明を聞いていて、自分ですんなり理解できなかったところ……赤
・自分でここがポイントだと思って加えたところ……緑
・この中でさらに重要な部分を……黄色のマーカーで

> なぞる

　そのほか、とくに色分けをしたくて別の色もよく使いました。だから必然的に、わたしのノートはカラフルになったのです。

　ただマーカーでなぞると、その部分はいつも際立ってしまいます。消すこともできませんから、注意して使うことをオススメします。

2 「全身を使う」術
必ず手を動かして書く!

暗記は、目で単語や文章を追っていくだけでは、不十分です。おわかりですね？

そう、よく言われることですが、目だけでなく、体のほかの部分を使えば使うほど覚えやすくなるのです。

これから全身を使う方法をお話していきますが、その前に強調したいことがあります。

それは、体の部位の中で最も使いやすいのは、何と言っても「手」であるということ。単語のつづりの練習、漢字の練習、計算の練習と、わたしたちは小さなころから「書いて」覚えることを実践してきました。

これは、「書いたから書き方やつづり方を覚える」という効果ももちろんあるのですが、何より「脳を刺激する」効果が大きいのです。

つまり、「書いた」からといってすんなり覚えられるわけではありません。しかし、書かないで覚えるより、書い

て覚える方が確実に脳が刺激されるのです。イメージとしては、**「脳がマッサージされる」**ということです。

「手」を使って書いているときは、いつも「ああ、脳がマッサージされているんだな」というように考えていただくくらいで構いません。それほど、手と脳は密接に結びついているのです。
　暗記をするときには、チラシやいらない紙の裏側でいいので、必ず手を動かして書いてみてください。きれいな字でなくても構いません。ペンでもシャーペンでもＯＫです。

とにかく、書く！

　これが暗記の方法をお話する中で最も強調したい点だと言っても差し支えないくらいです。どんどん書いてくださいね！

2「全身を使う」術
圧倒的に耳から覚えたほうがイイ

　勉強していると、どうしても情報は目からのものに頼りがちです。

　でも、耳からの情報って、意外に頭の中に残っているものではありませんか？

　たとえば、コンビニなどでちょっと聞いた音楽。あるいは、テレビドラマなどで話された些細なセリフ。

　もちろん覚えようとして聞いているわけではないから、記憶は断片的かもしれません。ただ潜在意識に情報を刷り込む効果なら、耳からでも十分にできるのです。少しでも暗記の役に立つのなら、もっと「耳で覚える」ことを真剣に考えてもいいのではないでしょうか。

　実は、耳から覚える教材というのも、けっこう出ています。代表的なのは英語のリスニングですね。

　リスニングの試験は、東大の入試にもありますし、2006年からセンター試験にも導入されました。わたしも対策を練っていたのですが、方法はただ一つ、ひたすら繰

り返し聞くことです。ラジオの「基礎英語」とか、市販のCDとか、教材に使ったものは特殊なものではありません。

　わたしは、帰国子女でもありません。実をいうと、英語が苦手です。だから最初のうちは聞き取ることなんてまったくできず、ただ英語で誰かが何かを言っているのを、頭の中に流しているだけでした。

　それでも聞き続けることによって、英語独特の発音が頭の中に暗記されていったのです。聞き流しで頭の中に引っかかりができると、そのうちに意味などを意識して聞くことができるようになります。すると、リスニングの理解力が飛躍的に伸びていきます。あとは普段の英語の勉強とあわせて、だんだんとわかるようになっていきました。

　英語だけでなく、最近は他の教科の単語集などにも、CDがついていることがあります。これも聞き流すことで、潜在意識の中に"引っかかり"をつくることがねらいでしょう。

　もちろん、ただ聞くだけで覚えるほど簡単なものではありません。両方ともやって、効果は初めて出るものです。また見も知らない人がCDの中でしゃべっているより、「自分の知っている人がこう言っていた」という記憶のほうが残りますよね。

そういう意味では、問題を言ってもらったり、答えを口頭で言ってもらったりすることも効果的なのです。思い出すときだって、「あれはお母さんが、こう言っていた」とか、「間違えて友だちから指摘された」というふうに、手繰り寄せられます。

　だからどんどん、「聞く」ということを試してみてください。

2 「全身を使う」術
声も出そう、
足も出そう

　人の言ったことを聞くだけでなく、自分で声を出すことも暗記には有効です。
「本を音読することによって、創造力が鍛えられる」ということが、最近いわれるようになりました。それで医学博士の川島隆太さんがつくったのが『脳を鍛える大人の音読ドリル』（くもん出版）というものでした。

　これが暗記力にも効果があるのかどうかはわかりません。でも、みなさんは"九九"を唱えることができますか？

　ニニンガシ、ニサンガロク、ニシガハチ、……ニクジュウハチ。全部の言葉に特別な意味があるわけではありません。単なる計算の結果です。

　これが全部で81個あり、しかも習ったのは小学生のころです。

　当たり前のようですが、実はすごいと思いませんか？
　これができるのも、当時、わたしたちが繰り返し暗誦し

たからです。声に出して頭に叩き込んだことで、いつまでも忘れることなく、頭の中に刷り込まれているわけです。

何となくこれはスポーツと似たような感じがあります。

たとえば、わたしはずっとバスケットボールをやっています。バスケットボールはハビット・スポーツ（習慣のスポーツ）とも呼ばれ、練習で繰り返すことによって体が動きを覚え、最後には意識しなくても自然とできるようになります。

同じように、何度も読むことによって、考えなくても瞬間的に言葉が出てくるようになる。そのためには実際に声に出し、覚えたい言葉を言ってみることが大事なのです。

１人で勉強しているときなら、ブツブツ言っても、誰も聞いてなどいません。

実は受験勉強をしているうちには、声に出してみないとなかなか覚えにくい単語が出てきます。英単語などはその代表ですよね。

また、ややこしい人の名前。

マルクス・アウレリウス・アントニヌス――。

文字だけ見て覚えられますか？

ところがこの名前、声に出すと、意外に響きがいいんです。こういう人は、けっこういます。「ハールーン・アッラシード」とか、「耶律阿保機(ヤリツアボキ)」とか。人物名のややこし

さだけで世界史に挫折してしまう人もいるのですが、「ちょっと待って、その名前、1度読んでみて！」と、わたしは言いたいです。

ステップ2で説明したゴロ合わせなども、やはり同様です。

は、も、ぞ、なむ、や、か、こそ

古文の「係助詞」と呼ばれるものですが、暗誦するには響きも抜群です。こういうものは、まさに「読んで覚える」のにぴったりといえるでしょう。

さらに、どうせ声を出すなら、思い切って手足も出してしまったらいかがでしょうか？

バスケットボールのことをお話ししましたが、実は体を動かしながら覚えるのは、意外に効果があるのです。

たとえば部屋の中を歩き回りながら、覚えたいことを軽く暗誦してみるとか。声に出しながら、体操やストレッチをしてみるとか……。もちろん、踊ったって構いません。

なぜこれがいいかというと、ただ机に座っているより、リズムがとれるからです。おまけに運動しているときは脳で快楽物質も分泌されますから、それなりの効果もあります。運動不足も解消されますし、一石二鳥ですよ。

頭だけでなく、体全体で覚えるという気持ちでトライしてみてください。

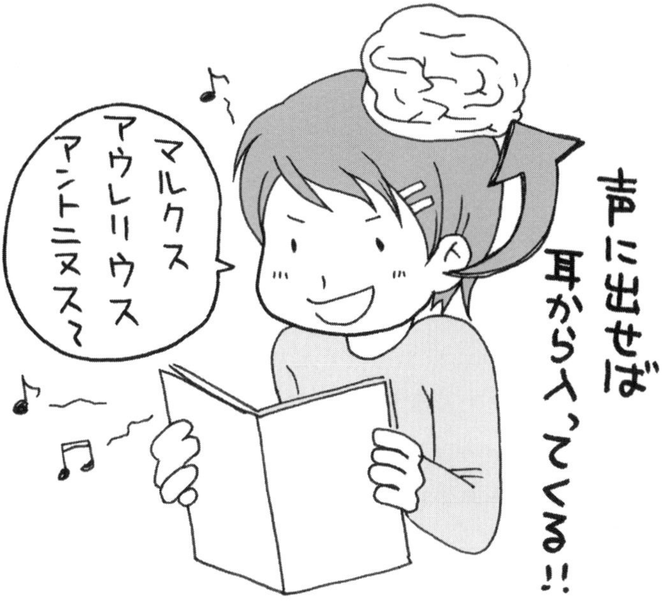

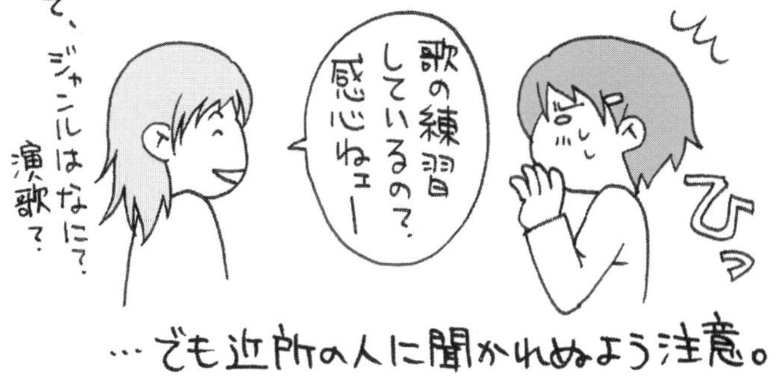

…でも近所の人に聞かれぬよう注意。

3 「周囲を巻き込む」術
尋ねられるのも大歓迎

　暗記する作業の「ゲーム性」を強くする方法があります。それは**"人を巻き込む"**というものです。

　たとえば、学校や予備校で友だちと10問ずつ、自分でつくった問題を出し合う。そして勝敗を競い合って、負けたほうがジュースをおごったり……。

　こんな遊びをすることでも、勉強は楽しくなりますよね。

　考えてみれば、人の記憶に残る思い出は、たいてい「誰かと一緒に体験したこと」です。1人でゲームをしていたことなど、何年も経ったら、すっかり忘れているのではないですか？

　それに対して兄弟とゲームをやっていたりすれば、ゲームの中身は忘れても、「2人でやった」という記憶は鮮明に残るはずです。相手は家族かもしれないし、友だちかもしれないし、あるいは恋人かもしれない。記憶も「楽しい思い出」ばかりではなく、「辛い思い出」かもしれません。

　それでも「誰かとの体験」に対して、わたしたちは感情

ステップ **3** テクニックを押さえる

を刺激される。言い換えれば、人がかかわっていることで、脳にはより強い"引っかかり"ができるのです。

　それなら、家族だって巻き込んでしまったらいかがですか？

　たとえば私の友だちは、お兄さんに自分が使っている参考書のコピーを渡しておき、ご飯のあととか、朝学校に行く前とかに、「この単語の意味は？」「この公式は？」と、質問してもらっていました。
　もちろん協力者はお母さんでもいいし、家族全員を巻き込んだっていいのです。それで「お前、この前も同じ間違いをしたよ！」なんて言われたら、ちょっとヘコムかもしれませんが、記憶には強く残っていきますよね。

3 「周囲を巻き込む」術
質問するほど覚えられる

「家族に質問してもらうことはできるけど、学校じゃーできないなあ……」
「わたしは予備校通いで、ひとり暮し、他人は巻き込めないなあ〜」

そんなことはありません！　人を巻き込む暗記術はあるんです。その方法も簡単。
わからないことを人に聞く——ということです。

このときも体験がそのまま記憶になるのですから、質問する相手が自分にとってインパクトのある人ほど、強い"引っかかり"になりますよね。
たとえば憧れている先生とか、クラスで成績もよくて、密かに片思いしている男子や女子。思い切って質問してみたら、もう忘れないでしょう。もちろん、ドキドキした思いばかりが強くなって、肝心の答えが上の空になったら困りますが……。

逆に「苦手な相手」に質問してみても、インパクトになりますよね。
　たとえば怖い先生にあえて聞きに行くとか、あるいは頭がいいけど「オレ、できるんだぜ」なんて威張っているクラスメートに聞いてみるとか……。
　イヤだなあと思うかもしれませんが、これも経験。「自分にムチ打つ暗記法」と考えて、チャレンジしてみてはいかがでしょうか。

　そこで「なんだ、そんなことも知らないのか！」と怒鳴られたり、「お前、こんなのもわかんないのかよ」とバカにされたら、それこそ大ラッキーです。
　だって悔しい思いと、覚えたい事項が一緒になったんですから、もう頭から離れません。テストなどで向き合ったら、このときのショックと一緒に質問したことを思い出せばいいのです。

　「失敗体験」というのは、暗記するために絶対に必要なことです。「暗記ノート」のようなものをつくるのも、できるだけ「まだ覚えていない」というミスの体験を増やしていくからこそ、暗記が進むのです。
　わからないことを人に聞くと、ときには恥ずかしい思い

ステップ **3** テクニックを押さえる

をしたり、悔しい思いをしたりするでしょう。でも勇気を持ってそういう思いをすることが、結果を出すためには重要だったりするのです。

　そういえば、わたしが予備校に通っていたとき、あるクラスで一番優秀だった人は、必ず講義の最後まで残っていて、あとで講師に質問しに行っていました。そういう積極性があったからこそ、やはり勉強もできるようになったのでしょう。

3 「周囲を巻き込む」術
教える立場を逆手にとる

「周囲を巻き込む暗記」術のもう一つは、質問の反対です。つまり、誰かに勉強を教えることです。

「教えられるんだったら、暗記の必要はないのでは？」
　そう思うかもしれませんが、そうではないのです。

　これは家庭教師などをやるとわかるかもしれません。わたしもアルバイトとしてやっていますが、先生になって話すことで、あいまいに覚えたことが非常にクリアになります。頭の中も整理され、記憶が一段と強化されるのです。
　実は、本書を書くことになった過程で、わたしは何人かの作家さんにお会いする機会がありました。その方たちは講演なども行なっていらっしゃるのですが、やはり同じようなことをおっしゃっています。
　１冊を書いた段階では、まだ自分が書いたことが、しっかりと頭の中に根づいていない。ところが人に話すと、より自分の考えが強化されて、確固たるものになっていくと

いうのです。「言葉にはパワーがある」とか、あるいは日本語には「言霊(ことだま)」という語句もあります。これはまさに、話すことのメリットを述べているのかもしれませんね。

　とはいえ、受験勉強をやっている学生が、誰に教えたらいいの？
　なんて質問は愚問です。まわりを見てください。あなたと一緒に勉強している仲間が大勢いるのではありませんか？

　それこそ、お互いのメリットなのですから、友だち同士で教え合う時間をつくったり、レクチャー会みたいなものをやってもいいでしょう。テーマや教科を一つ決めて、問題集の１番から６番はわたし、次は○○ちゃんというように、順番を決めて繰り返したっていいと思います。

　教えるだけでなく、友だちがいることで、さまざまな勉強法が可能になります。
　たとえばステップ２では、「オリジナルのゴロ合わせをつくる」という方法を紹介しましたが、これをグループで考えていくこともできます。「誰が上手なゴロ合わせをつくるか」を競い合い、勝った人には「ゴロ合わせ大賞」でもあげて、お昼でもおごってあげればいいのです。

別の人が上手なゴロ合わせをつくったら、これはそのまま参考にできますよね。また「誰々がつくったのだ」とか、「そういえば、これ、みんなで爆笑したっけ」なんていう経験が伴っていたら、あとで思い出すときにも、とても有効に働きます。

　受験時代になると、とかく友だちとの関係が遠くなってしまいますよね。「もう遊べないから」なんて……。先生や親の中にも、「みんなを敵と思え」などと説教する人がいたりします。
　でも、わたしは逆だと思うのです。
　そういう大切な時期だからこそ、むしろ友だちと協力していくことが、ずっと重要なのではないでしょうか？

　三田紀房さんの『ドラゴン桜』（講談社）では、２人の落ちこぼれ生徒が東大を目指します。有名な教師たちがこの２人を教えますが、先生が足りず、世界史だけは主人公の桜木弁護士が教えることになります。
　ところがこの桜木先生は、世界史など勉強したことさえありません。そこで３人がそれぞれ分担箇所を勉強して、フォローし合うような勉強法を提唱します。これを称して「スクラム勉強法」だそうです。
　とくに暗記は効率です。友だちがいて、負担や時間が減

るのなら、そのほうが何倍もメリットになります。相手を蹴落とそうなんて考えないほうが、よっぽど自分に返ってくるものが大きいのではないでしょうか。

　それに効率だけではないと思います。
　励まし合ったり、競い合ったりするだけでも、十分、大きな力なのです。
　そういえるのも、わたしも友だちがいたことが、受験のときに大きな支えになったからです。高校のときからの親友で、一緒に東大を目指し、1年後に、同時に合格することができました。
　予備校時代、彼女とそれほど頻繁に会っていたわけではありません。でも、ときどき褒め合ったり、励まし合ったりするだけで、わたしには強いモチベーションになったのです。大学生になったいまでも、これからも、ずっと素晴らしい友だちでいたいと思っています。

　この機会にぜひ、あなたも友だちの大切さを見直してみてください。

ステップ **4**

複雑なことを暗記する

1 「まとめる」術
暗記はあらゆる力の基礎になる

　ステップ2では、正解と答えを一対で覚えればいいようなことを中心に扱ってきました。でも、入試のために必要な勉強というのはそれほど単純ではありません。

　たとえば数学、これは暗記力ではなく、思考力や計算力が要求されます。勉強したってこれが身につかない人は意味がないですから、志望を文系に変えて、あきらめてしまう人もいるかもしれません。

　その他の科目にしても、英語の配点の大半を占めるのは読解問題です。国語だって現代文は勉強のしようがない。暗記の要素の強い社会の科目にしても、いまは論述形式の問題が増えています。すると当然、

　暗記を一生懸命がんばってもムダなのではないか──？
　もっと根本的な「頭のよさ」を鍛える必要があるのではないか──？

　そういう疑問が出てきますよね。

わたしは暗記することがイコール勉強することだとは、もちろん思っていません。ただ読解力にせよ、数学における問題処理力にせよ、論述力にせよ、基本は暗記して積み重ねたことをどう組み合わせていくかということです。

だから暗記することは決してムダではないし、効率よくたくさんのことを覚えておけばおくほど、どんな問題を解くのにも有利になるのです。

たとえば英語の読解ですが、「単語を多く頭に詰め込むより、文脈から意味が想像できるようになれ」と言われます。たしかにそのとおりであり、どんなに暗記しても長文読解の問題を見ると、知らない単語が出てきます。

でも、知らない単語の意味を推測するには、そのほかの単語をどれだけ押さえているかが、やはりカギです。知らない単語ばかりだったら、それこそ何が書いてあるのかサッパリわかりませんよね。

つまり、たくさんの単語を知っていればいるほど、内容を推測することができる力もつくのです。よっぽどカンの優れた人ならともかく、「単語は必要最低限でいい」という意見の根拠はあいまいだと思います。

さらに国語の現代文にせよ、暗記することがまったく無意味かといえば、そうではありません。たとえば長文には、

「情報化社会」とか、「少子高齢化」とか、「環境問題」とか、よく出題されるテーマがあります。

これらに対し、「ああ、こういう問題が出たら、こういう論点があるんだな」ということをつかんでおくと非常に有利になります。たとえば「情報」というキーワードが出たら、「情報の取捨選択をして、真実を見極めることが大事だ」とか、「インターネットは双方向的な情報発信手段として画期的だ」ということなどです。

知識というより感覚的な暗記になりますが、これもその場の思考力だけで解決するのではなく、「覚えてきたこと」や「勉強してきたこと」で立ち向かえる問題なのです。

ましてや社会科目の論述など、「知識」がどのようにリンクしているかの問題です。

広い意味で、やはり暗記で大部分がカバーできる問題なのです。

だからまず考えなくてはいけないのは、**「小さな暗記で大きな問題を解決していく」**という姿勢です。そういうふうに思えば、どんな複雑で難しい問題も、あるいは歴史などの複雑な流れも、決して恐れるほどのものではありません！

1 「まとめる」術
連想ゲームにトライ！

たとえば、高校の歴史の授業には「資料集」という教材がよく使われます。そこで『新詳 世界史図説』（浜島書店）というのをパラッとめくると、なぜか「ネコの着ぐるみを着た人の大行進」という写真があります。

何、これ？

本当にあるんですよ。実は14世紀のヨーロッパでペストが流行したとき、いまのベルギーでネコに厄を負ってもらおうとしたことから、そんな大行進のお祭りが始まったそうです。

さらに次のページを見ると、肖像として登場しているのは"ドラキュラ"です。彼はネコの行進とほぼ同時代、いまのルーマニアに攻め込んできたオスマン・トルコ帝国と戦った実在の人物です。
すると次のような図式が成り立ちます。

> **14世紀のヨーロッパ**
> ペスト大流行→ネコの大行進で対抗
>
> さらにオスマン・トルコが進入→ドラキュラが対抗
> ……いずれにしろ、とっても不安な時代！

　実際に「ネコの大行進」や「ドラキュラ」が試験に出ることはありません。だからムダな知識には違いありませんが、**"感じるための引っかかり"** にしておけば、全体像を記憶する支えにはなります。

　日本史や世界史で考えると難しいので、次のような"ちょっとした歴史"の例で見てみます。

「ネコ好きの女性が、インターネットで関連するサイトを検索しているうちに、ネコ好きのコミュニティに参加するようになり、友だちができた」

　このとき、女性はたくさんのサイトに目を通したのですが、彼女のこの期間の"ネットサーフィン史"は、どのように分類できるのでしょうか？

ステップ **4** 複雑なことを暗記する

まず、自分の飼っている猫が、何となく具合が悪いような気がする。そこで動物病院を調べ始めました。家の近くにどんな病院があるかとか、評判がいいのはどこかとか。このときにたくさん見たページは、「病院探しのグループ」に分類することができます。

　すると、飼い主のさまざまな疑問に答えているホームページを見つけました。「あれっ？　病気の症状や予防についても書いてあるぞ」なんて、さらに調べていきます。自分の知らなかった飼い方についての知識も載っています。ここで見たページが「飼い方のグループ」です。

　それで飼い方のページをネットサーフィンしているうちに、ペットを連れて入れる喫茶店があることを知りました。「へえ、いいなあ」と思って、自分の行きやすい場所がないか調べていく……。「喫茶店のグループ」ですね。

　そして家から歩いていけるところに、いいお店があった。しかも、そこでオフ会のようなことをやっているサークルまで見つけてしまった。「じゃあ、メールしてみよう！」ということで、「友だち発見のグループ」になるわけです。

　この段階までに、大量のサイトや掲示板を見たかもしれません。でも、まとめてみれば結局は次のようになります。

「病院探しのグループ」→「飼い方のグループ」→「喫茶店のグループ」→「友だち発見のグループ」

こういうふうに俯瞰して見れば、「結局はこういうことね」と大雑把に理解することが可能になります。
　簡単なことですが、これをやることで、小さな部分を暗記するのもスムーズになるものなのです。
　そういえば、あの坂本龍馬がオランダ語を塾で学んでいるとき、先生に「そこは訳が間違っている」と指摘したことがあったそうです。
　龍馬はそのときオランダ語など、まったく知りません。テキストはオランダの憲法を使っていたそうですが、その内容も、もちろん知りません。それなのに先生の訳の間違いを発見したのです。不愉快に思った先生が調べてみると、本当に間違っていたのです。いったいどういうことなのでしょう？

　当時のオランダといえば、強国の支配から独立を獲得して、ヨーロッパでもいち早く民主主義を確立した自由な国です。坂本龍馬も、憲法は知らなくても、そのことは理解していました。
「だったら、そういう文面が憲法に書かれているのはおかしい」と、こういう理屈なのです。物事を俯瞰するようにとらえることで、こういう判断が可能になるのです。

1 「まとめる」術
ダイナミックな流れを押さえる

「まとめる」暗記術が一番効果的に働くのは、わたしは社会科の科目ではないかと思います。たとえば日本史の奈良時代に、いくつかの土地に関する法律が出てきます。

- 百万町歩開墾計画
- 三世一身法
- 墾田永年私財法

大まかにいうと、百万町歩開墾計画は、農民に食料や道具を貸しだして、一人10日間の労役で新しく土地を耕させようとしたもの。三世一身法は、新しく開墾した土地は本人・子・孫の３代まで所有していいというもの。墾田永年私財法は、新しく開墾した土地は永久に所有していいというもの。

バラバラで見ると難しいのですが、要するに一言でいえば、「みんな天皇のもの（公地公民制）」だった土地が、だ

んだん「貴族所有」になっていったということです。

公地公民制がうまくいかなくなったので、朝廷は税を徴収するために土地制度を変えていった。そこに目をつけた貴族・寺院がどんどん自分の土地を増やしていった。そして初期荘園が成立していくこととなったのです。

つまり、天皇から人民に口分田（くぶんでん）を分け与える制度（公地公民制）が崩壊していった時代、と理解することができます。

歴史というのは、人が選択してきた結果を、後世のわたしたちが"流れ"として追いかけている学問なのです。

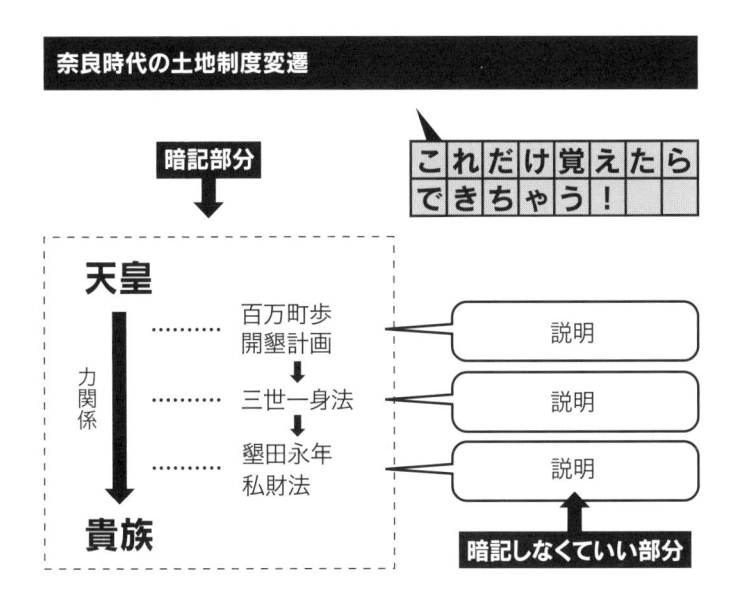

奈良時代の土地制度変遷

暗記部分

これだけ覚えたらできちゃう！

天皇
↓ 力関係
貴族

- 百万町歩開墾計画 → 説明
- 三世一身法 → 説明
- 墾田永年私財法 → 説明

暗記しなくていい部分

1 「まとめる」術
ヨコの流れでさらに広げる

　もちろん世界史でも、まとめることはとても重要です。というより、**世界史こそ「ひとまとめにすること」**は絶対不可欠だと思います。

　なぜなら範囲が広がるぶん、覚えたことが、すぐバラバラになってしまうからです。

　世界史を勉強した人は、そんなふうに思いませんでしたか？　ギリシャ・ローマを勉強したかと思ったら、すぐに中国へ飛んだり、イスラムからヨーロッパの中世に行ったと思ったら、今度はまた中国に戻ってきたり……。

　世界史は暗記科目だから、「とにかく覚えればいい」といって用語だけ頭に入れようとする人がときどきいます。でも、もとがバラバラだから、すぐに混乱してしまう。これでは暗記するのにも、効率が悪いのです。

　まずタテの歴史をひとまとめにしておくことが必要です。

　ヨーロッパでもフランス、イギリス、ドイツなどで歴史

の流れは異なります。それでも、たとえばフランスの近世史までを「フランク王国→中世の弱体(ジャンヌ・ダルク)→絶対王政(ルイ14世など)→フランス革命→ナポレオン→王政復古→ルイ・ナポレオン」なんて幹を通しておくと、細かいことを足すのは早いですよね。

　難しそうな中国史でも、実際は王朝の繰り返しです。だから流れをつかむのは、比較的、簡単なのです。

　ところがこれだけだと、今度は、ヨコの関係がバラバラになります。だったら「タテのひとまとめ」とともに、「ヨコのひとまとめ」もつくっておけばいいのです。

16世紀の時代

中近東ではオスマン・トルコ帝国やムガール帝国が全盛
弱いヨーロッパは中世の封建制から絶対王政へ
→その過程で大航海時代

アメリカ大陸の古代国家と接触
中国の明とも接触
さらに日本にもポルトガル人が来る……戦国時代

　つまり、中東でイスラムが強かったから、ヨーロッパ諸国が反対側の海へ乗り出していった。そこでアメリカ、日

タテの流れ、ヨコの流れ（歴史）

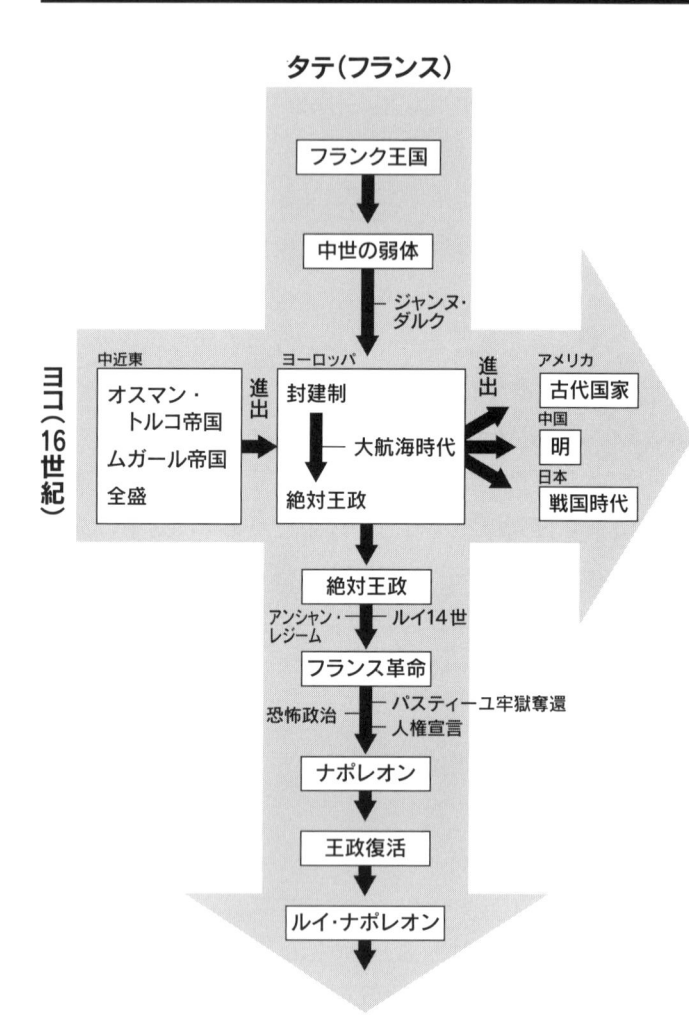

タテ（フランス）

フランク王国
↓
中世の弱体
↓ ― ジャンヌ・ダルク

ヨコ（16世紀）

中近東	ヨーロッパ	アメリカ
オスマン・トルコ帝国 ムガール帝国 全盛	封建制 → 大航海時代 → 絶対王政	古代国家
		中国　明
		日本　戦国時代

進出 →　　進出 →

↓
絶対王政
　アンシャン・レジーム ― ルイ14世
↓
フランス革命
　恐怖政治 ― バスティーユ牢獄奪還
　　　　　― 人権宣言
↓
ナポレオン
↓
王政復活
↓
ルイ・ナポレオン
↓

本、中国へ。それを経て、一つの国の王の力が増していく……。

　そんなふうに大まかな理解ができるわけです。

　もちろん世界史を勉強しない理系の学生には、まったく関係のない話かもしれません。それでもあえて説明するのは、こと東大受験に関していえば、世界史は"楽勝"になってしまう可能性さえあるからです。

　というのも、東大の世界史は３問構成で、第１問はいくつかのキーワードから400〜600字の大論述をするもの。第２問は少し変動がありますが、中論述を中心に答えていくもの。第３問は一問一答式。

　つまり、第３問対策として事項の暗記をし、その関連性の把握が第２問対策、それらの体系化が第１問対策になります。

　ですから、細かい事項を「ひとまとめにすること」自体が、そのまま東大世界史の対策そのものになってしまうのです。

　ここに気づくと、受験でも世界史にかける時間が、かなり抑えられます。こういった戦略が立てられるのも、やはり暗記術の効果だったのです。

2 「分ける」術
頭の中に「整理箱」をつくる

「小さな暗記で大きな問題を解決していく」ということを逆に考えると、次のようなテクニックが生まれてきます。

複雑なことや長いことは、小さく分割して一つずつ覚える！

これをわたしは、**「ブロック暗記」**なんて名づけていました。
すでに1 基礎編でも述べましたよね。

９８４０７２６１３５２

このまま覚えるより、「９８４」「０７２」「６１３」「５２」と分けて、一つずつ覚えたほうが圧倒的に早く覚えられます。

実はこういうことは、わたしたちは意識しなくても日常

的にやっているのです。代表的なものが"住所"です。

　東京都渋谷区神宮前6-12-17

　本書でお世話になったダイヤモンド社さんの住所ですが、これを見たほとんどの人は「東京都」「渋谷区」「神宮前」「6-12-17」という四つのブロックで考えると思います。
　そこで「東京都」だということは、多くの人は意識しませんよね。さらに場所柄「神宮前」ということは、すぐに

長い数字も分割して覚える

98407261352

↓（はさみ）

984　072　613　52

ステップ **4** 複雑なことを暗記する

わたしも覚えてしまいました。

　しかし「渋谷区」ということは、東京でそれほど長く暮らしていないわたしは、すぐにピンとはきませんでした。神宮前のある原宿と渋谷は別の街、という感覚が強かったのです。
　だから、覚えてしまうまでには少しスパンがありました。もちろん、いまは必然性もあって、何となく暗記してしまっています。
　あとは「6－12－17」ですが、これはまだ覚えていません。必要なときに確認する状況です。もし何度も郵便物を送ったりすることになれば、そのうち覚えてしまうものなのでしょう。

　当たり前のことですが、このように分割して覚えているから、ブロックごとに記憶の差が出てきてしまうのです。最初から「東京都渋谷区神宮前6－12－17」と暗記するのは大変ですが、自然に分割して情報を入力するから、ムリのない暗記ができるのです。
　複雑なことを暗記するには、こういったことを試みていけばいいのです。

　心理学では小さなブロックのことを「チャンク」という

そうですが、心理学者の内藤誼人さんは、『記憶する技術』（中経出版）という本で、こんなことをいっています。

「むやみやたらと記憶しても、なんとか頭が整理を行なってくれますが、あらかじめチャンク化しておけば、頭はスムーズに記憶してくれるようになるのです。たくさんの知識を、バラバラで記憶するのはムリです。しかし、チャンク化を行なえば、たとえば100個の情報でも、10個くらいに減らして覚えることができるのです」

簡単にいってしまえば、雑多になっている頭の中の情報を、これは何々の箱、これは何々の箱というふうに、整理収納しようということです。それで大きく「○○の情報箱」と名札をつけてしまえば、あとで簡単に取り出せるようになりますよね。

2 「分ける」術
つないでいくための「ブロック暗記」

　では、具体的に「ブロック暗記」をどのようにやっていくか。最も"暗記と馴染みが薄い"ように思われる、数学で考えてみましょう。

　たとえば関数で出てくる、次のような問題があります。

「座標平面上の4点A（1，0）、B（2，0）、C（2，8）、D（1，8）を頂点とする長方形をRとする。また0＜t＜4に対し、原点O（0，0）、点E（4，0）、および点P（t，$8t-2t^2$）の3点を頂点とする三角形をT（t）とする。Rの内部とT（t）の内部との共通部分の面積f（t）を求め、その最大値を求めよ」

　一見すると、「もう、わけがわからない！」という感じですよね。ちょっと難しかったらごめんなさい。
　ただ、全体を見てうんざりする前に、ブロックで考えてほしいのです。
　この問題のポイントは下の3つの部分です。

> ①グラフから図を描き、丁寧に分解する
> ②場合分け（0＜t≦1、1＜t＜2、2≦t≦4）をする
> ③最大値を求める

この3つの部分は、最終的に問題を解くための「中継地点」となります。

そして重要なことは、**「この3つの中継地点さえ押さえておけば、残りの部分は計算で補える」**ということなのです。逆にこれらの中継地点が出てこない場合は、"どこかで進路がずれている"ということになります。

そうすると、問題ごとの「中継地点」さえ暗記しておけば、意外に数学はできるようになるとは思いませんか？

つまり数学の問題は、1つのストーリーを答えることだと思えばいいのです。でも、ちょっとわかりにくかったかもしれません。では、こんなストーリーはどうでしょう？

あなたが「桃太郎」の話を初めて聞いたとして、「テストに出るから暗記しなさい」と言われたら、どのようにやりますか？

これをいっぺんにやろうとしたら、案外、大変です。そこで「桃が流れてきた」「桃太郎が生まれた」「家来を連れ

ていくことにした」「鬼を退治した」と、中継地点さえ覚えてしまえば全体の流れは押さえられます。

　あとの細部は、この中継地点がしっかりしていることで、覚えやすくなりますよね。

・桃が流れてきて、生まれる……でも、どこで生まれたんだっけ？　そうか、お婆さんが拾ったんだっけ！
・家来って何だっけ？　でもみんなタダでついてくるかな？　……そうだ、吉備団子をあげたんだ！

　"引っかかり"がしっかりしているから、自動的に思い出せるというわけです。

　数学の解法には、ブロック暗記で押さえられる問題がたくさんあります。だから「解法を暗記する」という方法は、予備校の先生の中にも提唱している方がいらっしゃいます。
　もちろん、そのためには多くの問題の解法に触れる、ということが重要でしょう。その点で大勢の受験生に支持されている『チャート式』（チャート研究所編、数研出版）という参考書は、非常に便利です。解法がしっかりまとめられているし、ポイントがきちんと書かれています。

ブロック暗記 ～桃太郎

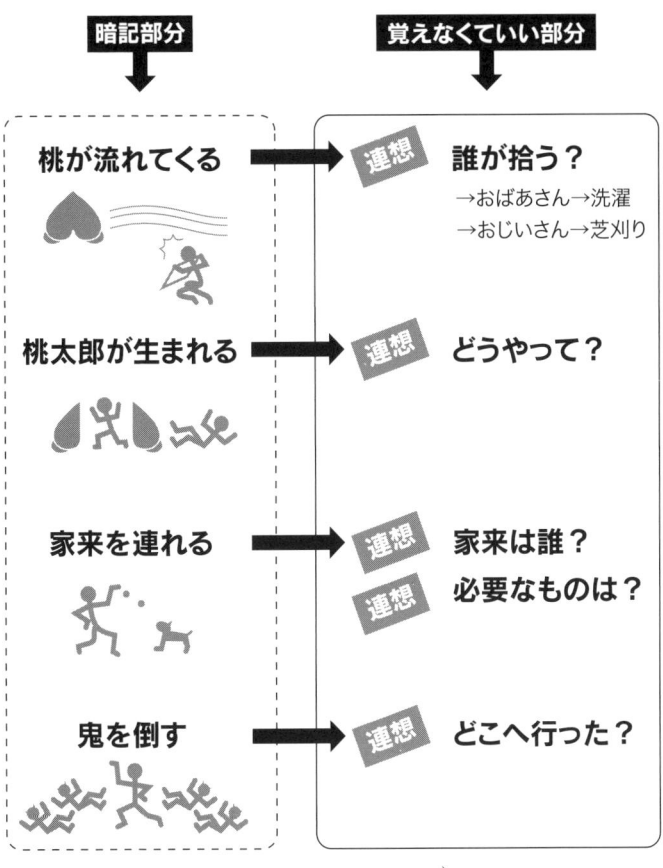

ステップ 4 複雑なことを暗記する

暗記部分 ↓ | **覚えなくていい部分** ↓

- 桃が流れてくる → 連想 **誰が拾う？**
  →おばあさん→洗濯
  →おじいさん→芝刈り

- 桃太郎が生まれる → 連想 **どうやって？**

- 家来を連れる → 連想 **家来は誰？**
  連想 **必要なものは？**

- 鬼を倒す → 連想 **どこへ行った？**

ポイントだけ覚えればOK！

まず解法をしっかり理解し、なおかつ重要なポイントのみを、再び解けるように暗記しておく！

　それで難しい数学も、暗記すればできるという科目に転換できてしまうのです。
　では、どのようにして暗記すればいいか？
　ポイントのみでいいなら、方法はいくらでもあると思いませんか？
　たとえば、ステップ２のところで説明した「暗記カード」が活用できます。
　カードといっても、単語カードのように「短い単語」を「短い意味」に対応させるだけだと思ったら、大間違いです。Ｂ６判くらいの大きなものだって市販されています。

- **大きなカードを使って、表に問題をそのまま書いてしまう**
- **裏には答えでなく、「中継地点」だけを書いておく**

　こういう暗記法が可能になるのです。

2 「分ける」術
背景知識があるだけで全然違う

いままで説明してきた「中継地点」は、何も数学だけに応用できるものではありません。というより、その他の教科の"もっと複雑なこと"に応用するほうが簡単ですよね。

・ローマ帝国が崩壊したプロセス
・植物の光合成の仕組み

これらにも、もちろんカードが応用できますよね。

あるいは難しい論述式の問題の場合、表側に問題を丸ごと書いて、裏側で「中継地点」だけを答えるようにすることもできると思います。

これはもちろん大学の入試ばかりではなく、各種の論述試験。あるいは面接にだって応用できるでしょう。たとえばある営業マンが、IT関連の会社に転職を考えたとします。

> ・インターネットが急速に普及してきた
> ・人間関係が希薄になりつつある
> ・メール・コミュニケーションでも、より人間的な応用がこれから求められる
> ・自分の経験は、ともすれば簡素となりつつあるヴァーチャル空間で応用することができる

　こんなふうに論点を整理して、頭に叩き込んでおくことができます。
　国語の現代文だって、論点を抽象・客観と主観・合理性・近代・自我・逆説・概念などに分けてそれぞれ覚えておけば文章が出てきたときの理解が早いですし、漢文だって論点のパターンを覚えておけば容易に世界観がつかめます。小論文を書くときだってグローバル化や情報社会、民主主義、高齢社会など、キーワードを覚えておくだけで違います。
　工夫の仕方は、ほかにもいろいろあるでしょう。

3 「関連つける」法
秘儀！「場所記憶法」

　古代ギリシヤ・ローマの時代から現代まで、ずっと暗記の達人に使われてきた**「場所記憶法」**というものがあります。何でも雄弁で知られるキケロまで実践していたようですから、暗記術の定番中の定番ともいえるでしょう。『覚える技術』（アルベルト・オリヴェリオ著・川本英明訳・翔泳社）という本に、その詳細が出ていますので、これを参考にして説明しましょう。

　たとえば用事があって、6つの場所に寄らなければならないとする。

「銀行」「クリーニング店」「郵便局」「コンビニ」「花屋さん」「本屋さん」

　さて、忘れないために、これらをどのようにして頭に叩き込んでおくか。「場所記憶法」では、まず自分が必ず覚えている6つの場所を取り出します。たとえば自宅のあるマンションから、部屋の入り口までとしましょう。

1．マンションの玄関
2．管理人室
3．郵便受け
4．エレベーター
5．エレベーター前の踊り場
6．自分の部屋のドア

こちらはキーになる場所ですから、自分が見慣れている場所を順序よく設定します。

そして先ほどの覚えなければいけない場所を、一つひとつ強引にでも、これらの場所に結びつけていきます。重要なことは、しっかりと結びつけた図を頭の中にイメージすることです。

①マンションの玄関口に、なぜか銀行のATMが置いてある
②管理人のおじさんが、せっせと服をたたんでいる
③郵便受けに郵便物が入っている
④エレベーターを開けたら、店員さんが「いらっしゃいませ」
⑤踊り場には花が置いてある
⑥そして部屋のドアの前に1冊の本

これでもう、忘れません！
　えっ？　と思うかもしれませんが、試してみるとかなり有効な方法ですよ。

　ポイントは**「どれくらい強くイメージできるか」**です。
　聞くところによると、円周率暗記のチャンピオンにも、このような場所記憶で何桁も暗記する人がいるといいます。隣の家に「サン」という名前をつけ、看板に「4」などと、自分が普段歩いている風景に結びつけているとのこと。使いこなせれば、非常に強力な暗記法になることは確かのようです。

3 「関連つける」法
「場所記憶法」の バリエーション

　もちろん、この「場所記憶法」は、受験勉強にも応用することができます。実はわたしはこの方法を「お散歩暗記法」と呼んでいたのですが、そのとき使った暗記法の一例をご紹介します。

　まず、これは単純暗記にも使えます。たとえばステップ2では、「スイカトメテ」というゴロ合わせを紹介しました。「べし」という助動詞の語法でしたね。

ス　**推量**……〜だろう・〜にちがいない
イ　**意志**……〜するつもりだ・〜したい
カ　**可能**……〜できる
ト　**当然**……〜するはずだ・〜しなければならない
メ　**命令**……〜しなさい
テ　**適当**……〜するのがよい

　これをたとえば、最寄り駅から自宅に帰るまでに立ち寄りそうな場所に当てはめてみます。

「駅」「駅ビルにある本屋さん」「自転車置き場」「通り道にある病院」「近くのコンビニ」「家の玄関」

あとは適当に当てはめていくだけです。

・この駅にも地下鉄が通るんだろうな（推量）……地下鉄通るべし
・いつか自分も本を書きたいなあ（意志）……本、書くべし
・自転車のほうがバスより速い、バスを追い抜ける（可能）……バス抜くべし
・風邪を引いたら病院に行かなきゃなあ（当然）……風邪なら病院行くべし
・あのコンビニの店員、ときどきさぼっているのよねえ。働きなさい（命令）……コンビニの店員、働くべし
・大学に入ったらひとり暮らしかなあ。やっぱり家があるのはいいなあ（適当）……家、あるべし

こんな具合に結びつけることができますよね。「べし」から「スイカトメテ」が想起され、さらに「帰り道で覚えたっけ」と気づけば、イメージから意味も連想できていくと思います。本当は「べしの意味」というように、「覚えること」に関連性があったほうがいいのですが、「今日と

りあえず、これだけの英単語を覚えてしまおう」という速効の場合にも、この方法が使えます。

　たとえば、ステップ3で説明した「暗記ノート」を使い、その中で自分が覚えていなかった英熟語を、駅からの帰り道でメモを片手に「場所記憶」しながら帰ってみる。

「本屋さん」から当てはめていってみましょう。

- enough to do (――するに十分な〜)
- even if　S＋V (たとえ〜が〜であろうとも)
- make up for (〜を補う、〜を埋め合わせる)
- A as well as B (Bと同様にAも)
- have trouble with (〜に関して問題を抱えている)

⬇

- 私は本を買うのに十分なお金を持っています
- たとえ雨が降っても、自転車で学校に行く
- この病院は、看護師を補うために募集をかけている
- 若い人と同様に、高齢者もコンビニで買い物をする
- 私の家は、地震に関して問題を抱えている

それで「I have enough money to buy a book」「Even if it rains, I will go to school by the bicycle」……などと、英文で考えていけばいいのです。

ただ、ここで重要なのは英文が正しいかどうかより、熟語の意味そのものを覚えることです。むろん、「他の語でも同様に……」とやっているうちにイメージが薄れていきます。それでも覚えるための"引っかかり"にするだけなら、ゼロから出発するよりはるかに効率的なのではないでしょうか。

英熟語と例文の覚え方

enough to do

even if

make up for〜

A as well as B

have trouble with〜

もちろん、複雑なことを覚える暗記においても、「場所記憶法」が便利なことは言うまでもありません。**「順番」が覚えられることで、「流れ」が押さえられるからです。**

　また、道順にこだわらなくてもいいのです。わたしは、旅行が好きなのですが、自分が旅行で回った都市の順番で覚えることもあります。

　モスクワ→ヴェネチア→フィレンツェ→ローマ→シチリア→ナポリ→ミラノ→モナコ→ニース→マルセイユ→バルセロナ→マドリード、といった具合。

　また、部屋の中に置いてある家具や物の場所を順番にして覚えていったり、自分の体の部位に順番に言葉を当てはめていく手もありますね。

3 「関連つける」法
街中の人を観察してみる

「場所記憶」のポイントは、何より「イメージすること」です。ちょっと強引でも、「自分がもとから頭の中に持っている要素」と、「これから覚えたい要素」を関連づける。その関連づけたイメージが強烈になるからこそ、頭の中にしまったものを思い出しやすくなるのです。そこで最もイメージが強烈になる「もとから頭の中に持っている要素」が何かといえば、やはり"人"だと思います。つまり"覚えたいこと"を"身のまわりの人"に結びつけてしまう。それで可能になるのが**「人間関連づけ暗記法」**というわけです。

とくに"人"と"人"を結びつけるのだったら、たやすいですよね。だから歴史で起こった事件などを押さえるのには、この暗記法が有効です。

たとえば、電車の中でいつも見かける可愛い女の子がいたとします。話したことはないけれど、まるで女神さまのような女性。だったら、数少ない女性天皇の1人、「持統

天皇」と彼女を結びつける。

そこから連想は広がっていきます。

- 彼女は「奈良県」の生まれ。おとなしそうだし、平和を愛する女性だろうなあ……。
- だから、元カレとも絶縁したにちがいない。それが亡き旧帝、「天武天皇」……。
- その「天武天皇」は武力派で、「壬申の乱」を引き起こした。でも彼女の願いは、平和を回復すること。
- そんなわけで彼女は理想のユートピアをつくろうとする。それは彼女の降りる駅、名は「藤原京」。
- えっ、そんな駅あったっけ？ 彼女に聞いたら「向こうよ（694年）！」と言っていた。結局、遷都は成功。そこでは平和な文化が生まれましたとさ。彼女に似合う清楚な「白」ということで、「白鳳文化」と名づけよう。

強引でもいいんです！ とにかくイメージをつくることが大切なんですから。

何より想像するのは楽しいし、"引っかかり"もできる。この関連付けを土台にして、完璧な暗記にしていけばいいのです。

❸「関連つける」法
現実の人間関係も いい材料

　さらに"登場人物"をどんどん自分の知っている人に結びつけていくことで、複雑な歴史事件もイメージしやすくなっていきます。

　ステップ２の「ゴロ合わせ」のところで、わたしは自分のことを1095年の「クレルモン公会議」で十字軍を呼びかけた教皇ウルバヌス２世に結びつけましたね。
　十字軍というのは、イスラムに占領された聖地エルサレムをキリスト教の地に戻そうとする動きです。わたしはバスケットボール部でしたので、「エルサレム＝体育館」と関連づけました。
　そこで"先生たち軍"が体育館を占領した。"先生たち軍"とは、「セルジューク・トルコ」国。わたしたち生徒は、キリスト教国連盟というわけです。
　体育館が使えなくて困ったのは、すでに選手を退いたわたしではなく後輩たちです。そこで後輩の女の子が、わたしに助けを求めてきた。この女の子は**「アレクシオス**

1世」。ただし、わたしとは宗派が違います（ビザンツ帝国皇帝＝東方正教会）。そういえば、ちょっと生意気でしたからね。

　後輩が出たついでにいえば、私の先輩というのは尊敬できる人でした。女性にしておくのがもったいないほど、リーダーシップを発揮しました。そしてバスケットボール部をねたんで文句を言ってきた女子バレーボール部のキャプテンを、最後には謝らせてしまったほど。

　この先輩は**「グレゴリウス7世」**、謝ったちょっと我がままなバレーボール部のキャプテンはドイツの**「ハインリヒ4世」**。この事件が**「カノッサの屈辱」**です。

　こんな先輩の影響もあるから、体操部やら、バドミントン部やらの各部が団結して、第1回十字軍が行なわれます。そして"生徒連合"が自治組織をつくって体育館を回復する。これが**「エルサレム王国」**です。

　ところが先生たちも黙っていない。厳しくて有名だった体育の先生が新たな国をつくり、体育館を奪回する。この先生が**「サラディン」**です。

　……と、まあ話はどんどん膨らんでいくのですが（もちろんわたしの空想で事実とは異なりますのであしからず）、こんなイメージでどんどん歴史がわかりやすくなっていき

人物暗記＝十字軍のイメージ

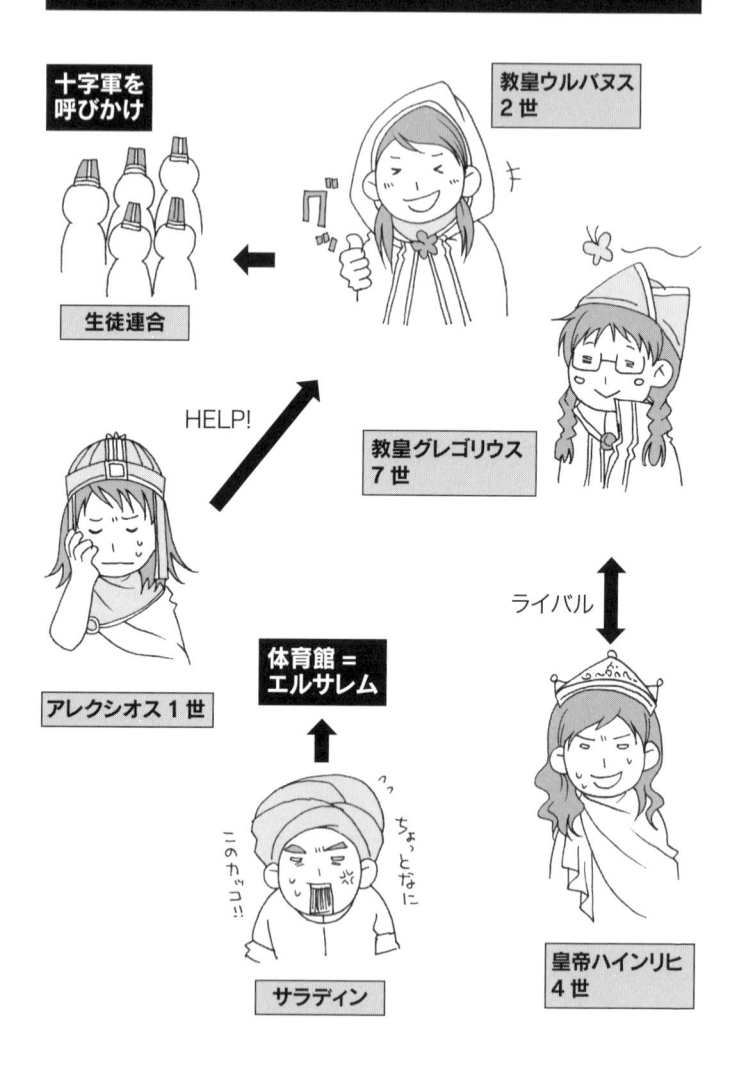

十字軍を
呼びかけ

生徒連合

教皇ウルバヌス2世

教皇グレゴリウス7世

HELP!

アレクシオス1世

体育館＝
エルサレム

サラディン

ライバル

皇帝ハインリヒ4世

ますよね。「〇〇先輩＝グレゴリウス7世」「〇〇先生＝サラディン」という連想ができれば暗記もしやすくなるし、背景の歴史もすぐに思い浮かんできます。

　ステップ2では、一つのインパクトのあるイメージで暗記するやり方を説明しました。こちらはそんなイメージを、「ストーリー」にまで展開してしまうというものです。
　つまり**「画像」だけでなく、「動画」で覚える**ということ。これによって覚えられる情報量も大きくなるのです。

3 「関連つける」法
クラスメイトと結びつける

「人間関連づけ」は、歴史にしか使えない暗記法ではありません。何でもまわりの人に結びつけることによって、頭の中に"引っかかり"をつくることができます。

たとえば、生物で習う「中枢神経の各部位」です。

- 大脳新皮質……学習、思考、判断など
- 大脳辺縁系……本能欲求
- 小脳……運動調節、平衡感覚
- 間脳……内分泌系と自律神経の中枢
- 中脳……眼球運動、姿勢保持
- 延髄……呼吸、心臓、唾液の分泌
- 脊髄……反射、発汗、排泄など

これらを、その特徴から、身のまわりの人に当てはめていきます。

・**「新皮質」**は、やっぱり物事をよく考えている下村さ

んかな
- その反対に本能の**「大脳辺縁系」**は、おちゃらけの伊藤くん
- 下村さんと伊藤くんは席が隣だから**「大脳」**コンビ
- 運動をつかさどる**「小脳」**は、スポーツ万能の鈴木くん。
- **「間脳」**は大事な自律神経の中枢だからしっかりしてなくちゃ。クラスで１番しっかり者の成田くんだ。
- **「中脳」**は、脳を上から見ても見えません。だから一見、目立たないけど、実は笑うと目が素敵な……中島さんかな。
- **「延髄」**は走るときたくさん呼吸して心臓を使う、食べるのが好きな陸上部の松野さんに。
- **「脊髄」**は女の子に話しかけられると反射が素早い加藤くんかな。

まあ、仮のクラスメイトの話ですからね、あくまでも。
それでも、こんなふうに人に当てはめるだけで、暗記することが簡単になるとは思いませんか？

そのほかにも誰と誰が仲良しだとか、逆に対立しているとか。あるいは単純に席順や名簿順で結びつけるだけでも、それなりに"引っかかり"にはなっていきます。その意味

- 新皮質

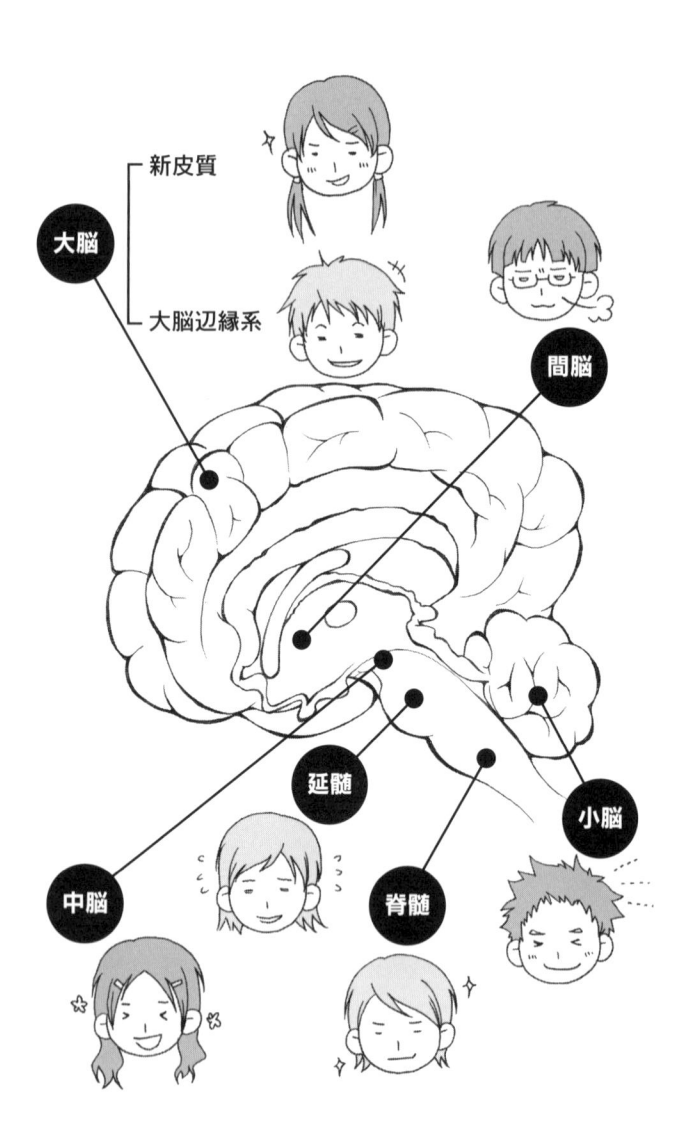

大脳

- 大脳辺縁系

間脳

延髄

小脳

中脳

脊髄

では、クラスが40人いたら、40通りのことをそれぞれに当てはめて覚えることも可能なのです。もちろん、クラスにこだわらず、自分の交友関係の中で考えてみたり、社会人の方は職場や取引先の人で当てはめてみたりしてもいいのです。

　ぜひ上手に関連づけて、自分なりの覚え方を考えてみてください。

３「関連つける」法
なりきり演技派女優

　関連づけて結びつける人物は、もちろん芸能人でも、マンガやドラマの主人公でもかまわないと思います。歴史なんて、それぞれ配役を振っていけば、そのままドラマになってしまいそうですよね。

　わたしは暗記法を考えるとき、俳優さんや女優さんはどうして台本を覚えられるのかなと、ずっと考えていたことがあります。

　演劇部の知り合いなどに聞くと、覚えようと思って覚える人もいるけれど、何回か台本を読めば自然に覚えてしまうという人も多いそうです。それで、そんな人がじゃあそれ以外の暗記も得意かといえば、とんでもない。勉強するときには、まったく覚えられなかったというのです。

　では、なぜ台本だけ特別なのでしょう？

　一つには「好きでやっていることだから」という理由があると思います。でもそれだけでなく、彼らは"覚えよう"というより、"役になりきろう"という感覚のほうが強いのだと思うのです。

「セリフを覚える→演じているときにしゃべる」
ではなく、
「セリフとともに演じる人のイメージを頭に固定する→自分が言うのではなく、役の人物にセリフを言わせる」
ということなのです。

そういえばカラオケなどで、好きな歌手の新曲が出ると、1回か2回聞いただけで、その曲を全部覚えちゃう人がいますよね。わたしの友だちにも、ORANG RENGEをすぐ歌えてしまう人と、B'zの曲をすぐ歌えてしまう人がいます。
これも「自分で歌う」という感覚ではなく、「歌手になりきって歌う」から、自然に覚えられるのです。

さて、こういう感覚を、勉強の暗記にも生かせないかとわたしは考えました。そこで**「覚えたいことを、そのままセリフにしてみる」**ということをやってみたのです。シチュエーションはとにかく何でもいい。全然関係のないセリフでもいいし、意味不明の会話でもいいのです。もちろん、カラオケのように歌に乗せたっていい。
とにかく、そんなセリフのやりとりをしている場面を、頭に思い描いてみる。ただ暗記事項を暗誦するのではなく、自分が思い浮かべやすい人物に、暗記事項を言わせてみると、かなり効果があります。

❸「関連つける」法
マンガのキャラクターにしゃべらせる

　もっとセリフ暗記を簡単にやってしまう方法があります。

　まず『SLAM DUNK』でも、『ドラゴンボール』でも、『ＮＡＮＡ』でも『ハチクロ（ハチミツとクローバー）』でも『のだめ（のだめカンタービレ）』でも、何でもいいからお気に入りのマンガを選びます。
　そして好きなページでも、一つの話丸ごとでも、コピーをとってください。
　あとはお気に入りの主人公を選び、そのセリフを全部、修正液で消してしまいます。
　そして、そこに「覚えたいこと」をセリフとして入れてしまう。

　そう、これが「マンガの主人公に覚えたいことを言わせてしまう法」です。
　メリットは、とにかくキャラクターのイメージと、暗記

したいことが結びついてしまうこと。

　だから何度も読み返しているうちに、マンガのフキダシの中にある言葉が、そのまま絵と一緒に頭に入ってくるようになります。前にも説明したように、ビジュアルなものほど記憶には残りやすい。だから、かなり忘れにくい記憶になるのです。

　ポイントはマンガとキャラクターで、項目を分類しておくことです。たとえば『ＮＡＮＡ』は英文法、『SLAM DUNK』は数学などと決め、『ＮＡＮＡ』でもナナのほうは分詞構文で奈々のほうは完了形とか、あるいは『SLAM DUNK』の花道は数列とか。

　こうやって覚えると、覚えたことがキャラクターと一緒になって思い出せるようになります。**1**の「まとめる」術と同じ効果が、ここで出てくるのです。

　これをやるときには、「関係ない」とか、「意味がない」とか思わず、とにかく「そう言ってるんだ」と頭に思い描くことです。慣れてくると、前後関係がバラバラだったり、「その話の中でこういう言葉は絶対に出てこない」といったことでも、すんなりと覚えられます。

　マンガ好きの人には、まさに楽しくできる暗記法ですよ

ね。

　さらにメリットを加えると、この方法は"手がかかる"ということです。
「それならデメリットでしょう」と思うかもしれませんが、そのぶん「つくること」が"アウトプット"になります。これはわかりますよね。
　つまり、「ここのセリフに、この内容を……」と考えているうちに、いくぶんかは頭に入ってしまうわけです。考えてみれば、マンガシートをつくること自体は、ノートをとるのと違わないのですから。

　この方法は、どんな項目にでも応用できます。ぜひ試してみてはいかがでしょうか。

　ただ、「そのためにたくさんのマンガを読まなきゃ」なんて考えると、本末転倒になることだけはお忘れなく。

ステップ **4** 複雑なことを暗記する

3 「関連つける」法
セリフと"ゴロ合わせ"をフュージョン

　年末に赤穂浪士を描いたドラマがありました。主人公の配役をそのままにして、大石内蔵助（くらのすけ）と部下の武士をやっていた人に、こんな意味不明のやりとりをさせてみます。

> 内蔵助「寒くなったなあ」
> 部下　「そうですね。赤信号の映像が届きましたよ」
> 内蔵助「夏が待ち遠しいな」
> 部下　「そうなったら、家族旅行で無難に奈良にでも日帰りで行きます」
> 内蔵助「その前に春の日が照るだろ！」
> 部下　「正直者ですから、"たぶんクスクスかしましい"というし」
> 内蔵助「山に登ったほうが安全だな」
> 部下　「赤穂浪士も密かにメッカに逃避行ですね」

　何だ、これは？　といわれそうですが、実は"ゴロ合わせ"になっています。生物で出てくる「植物群落」です。

まず、内蔵助のセリフが樹木の種類を暗示しています。

寒くなる……亜寒帯針葉樹林

夏が待ち遠しい……夏緑樹林

春の日が照る……照葉樹林

山に登る……亜高山帯針葉樹林

そして、部下のセリフがゴロ合わせです。

・**赤**（亜寒帯）信号の**映像**（エゾマツ）が**届**（トドマツ）く

・**家族**（夏緑）旅行で**無難**（ブナ）に**奈良**（ナラ）にでも日**帰りで**（カエデ）

・**正**（照葉）直者ですから、**たぶん**（タブノキ）**クスクス**（クスノキ）**かし**（カシノキ）**ましい**（シイ）

・**赤穂**（亜高山）浪士も**密**（シラビソ）かに**メッカ**（コメツガ）に**逃避**（トウヒ）行ですね

まともに覚えようとしても、これはけっこう、大変なのです。もともとのゴロ合わせが苦しいのに加え、覚えても４つがまとまらず、すぐバラバラになってしまいます。

でも、こうやってセリフ仕立てにすることで何となくまとまります。セリフと"ゴロ合わせ"を合体させた応用バージョンといえるでしょう。

だから、ただ口ずさんでいるより、ずっと頭に入るのです。覚えにくいことなどは、うまくセリフにできないか考えてみてはいかがでしょうか。

生物の樹木の分布の覚え方

大石内蔵助
寒くなったなあ

部下
そうですね。
赤信号の映像が届きましたよ

大石内蔵助
夏が待ち遠しいな

部下
そうなったら、家族旅行で
無難に奈良にでも日帰りで行きます

大石内蔵助
そのまえに春の日が照るだろ！

部下
正直者ですから、
"たぶんクスクスかしましい"というし

大石内蔵助
山に登ったほうが安全だな

部下
赤穂浪士も密かに
メッカに逃避行ですね

ステップ 5

暗記をクセにする

「繰り返す」ことを
面倒くさがらない

　今まで、暗記のテクニックについて述べてきました。いままで述べてきたことを活用していただけば、より効率的に勉強することができ、必ずそれが成果にも跳ね返ってくると信じています。

　ただ、それでも絶対に心しておかなければならないことがあります。

　人は忘れる生き物だ──ということです。

　つまり、いくらそのとき完璧に覚えても、どんどん時間が経つうちに忘れていく。ステップ１で述べたように、これは脳のメカニズム上、どうしようもないのです。

　そのためにどうするかといったら、方法は一つしかありません。

　「繰り返す」ということです──。

スポーツをやっている人なら、おそらく経験があるでしょう。一つのプレーを試合でするためには、何回も何十回も、同じ練習を繰り返すしかありません。そうすれば、本番で確実にプレーできるようになります。

ピアノや習字、何でも同じですよね。勉強だって、暗記だって、繰り返すことでより強固なものになっていくのです。

そう言うと、「やはり暗記は、大変なものなんだなー」なんてガックリされるかもしれませんね。でも、繰り返すのは面倒なことばかりではありません。たとえば、1回目より2回目、2回目より3回目……とやっていくうちに、効果はどんどん倍増していきます。

実際に暗記を繰り返すうちに、次のような点を自己確認できると思います。

第1 繰り返すことで「暗記すべきポイント」を見分けられるようになっていく。

第2 あとからの暗記は前の暗記の積み重ねですから、だんだんとスムーズになり、スピードも速くなる。

第3 「あ、これは前に覚えたことだ！」と"発見"することができる。ここから「そうか、なるほど！」という刺激が生まれるから、記憶にも残りやすくなる。

こういう効果によって、繰り返しは苦にならなくなりますし、苦手意識も徐々になくなっていきます。だから、繰り返すことを最初から嫌がる必要はないのです。

「じゃあ、何度も繰り返そう！」
　ちょっと待ってください。それでも繰り返す回数が少なければ少ないほど、たくさんのことを繰り返せますよね。ムダな繰り返しだったら、やる必要なんてありません。
　繰り返すことは大変ですが、その効率をよくすることはできるのです。
　そのためには、**「勉強の習慣」を見直す**必要があります。

1日終えた寝る前の時間術

暗記のために最も重要な生活習慣って、いったい何だと思いますか？

それは「寝ること」なのです。

人間は、眠っているときに一番脳に情報を定着させていくそうです。脳の専門家、池谷裕二博士も、次のようにいっています。

「脳は、睡眠中に様々な形で過去の記憶や情報の組み合わせの整合を検討し、整理している」（『脳の仕組みと科学的勉強法』ライオン社）

その整理作業の結果、生じるものが"夢"です。
みなさんは普段、夢を見ますか？
見ない、と言う人もいるかもしれませんが、それは忘れているだけ。すべての人が寝ている間に夢を見ているということは、実験で証明されています。

かつて、心理学者のユングは「夢はすべて実体験に基づいている」という言葉を残しました。「そんな夢に見た不思議な体験はしていない！」と思われるかもしれませんが、実際に体験したことに意識が何らかの意味づけをするから、そのような夢になるというわけです。

　つまり、基本的には起きている間に起こった出来事を復習し、忘れないようにするのが夢の機能。いわば録画したＤＶＤをフル回転で再生し、一時的な記憶を、長期的な記憶として残すための編集作業をしているのです。

　その段階で、「この情報は重要ではないな」と脳が判断したらどうなるでしょう？

　当然のことながら、捨てられます。あるいは編集作業で、脳の保存室の奥のほうに積み重ねられた段ボールの中とか、わかりにくいところに保管されてしまうかもしれませんね。

　では、今日の昼に学校や予備校で「大事だから必ず覚えておくように」と、教えられたことがあったとします。

　この情報、いったい脳でどのように保存されると思いますか？

「それは受験のために大事なことなんだから、忘れないように、最重要項目として記憶される」

　絶対にそうだと、自信を持って言えますか？

「…………」

　言えないでしょう……？

　それは、誰でも"忘れる速度"が決まっているからです。これは「忘却曲線」といわれ、もう100年くらい前に、エビングハウスという心理学者によって発見されています。
　この数値は恐ろしいものですよ。

　まず覚えた20分後には、約42％を忘れる。
　1時間後では、56％を忘れる。
　9時間後では、64％を忘れる。
　1日後では、74％を忘れる。
　6日後では77％近くを忘れてしまうのです。

　ということは、たとえば午後2時に学校で大事なことを聞いたとして、夜の11時に就寝すると、"編集作業"が始まるときの情報量はどれくらいになっているのでしょうか？
　なんと、36パーセントです。
　これでは「しっかり覚えています」なんて、いえません。
　しかも「忘却曲線」は、ほとんど個人差がないようです。成績のいい人も、悪い人もまったく同じ。「わたしは忘れっぽいから」なんていう言い訳はできないのです。

エビングハウスの忘却曲線

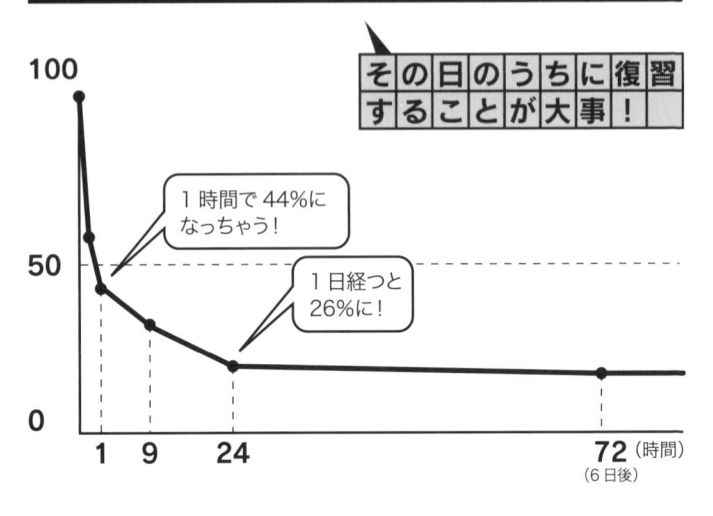

その日のうちに復習することが大事！

1時間で44%になっちゃう！

1日経つと26%に！

100 / 50 / 0
1　9　24　　　　72（時間）
　　　　　　　　　（6日後）

私…生まれつき覚えることができないんだ…

てへっ

あ、泣いてないよ。

それは生まれつきバカだからじゃないの。

では、どうすればいいかといったら、簡単なことです。

寝る前の1時間から、遅くとも20分前に、勉強したことをサッと見直してみればいいのです。そうすると昼に勉強したことを思い出し、そのまま眠っている間の編集作業にバトンタッチすることができます。

つまり、寝る前にその日1日勉強したことをサッと復習するとか、苦手な英単語を覚える、というのは非常に有効な方法なのです。

逆に朝起きた直後は、暗記以外の勉強をするのに適しています。なぜなら、眠っている間にそれまでの情報が整理され、暗記すべきことが脳に定着しているから、応用したことをやるには申し分ありません。スッキリした頭で、ぞんぶんに思考を回転させることができるわけです。

論述を書いてみたり、あるいは社会人ならアイデアを出したりするのも、この時間のほうがいいかもしれませんね。

寝る前の復習は、難しいことではありません。"思い出すだけ"ですから、**その日とったノートをサッと見直すだけで十分**だと思います。そんな習慣をつくるだけで、暗記の効果が抜群に高まっていくのです。

1週間後、1か月後に復習する

　もちろん、寝る前に記憶を呼び戻したからといって、そのままずっと記憶が維持されるわけではありません。効率はよくなるものの、やはり忘れるものは忘れます。

　だからこそ、スパンを区切って"繰り返す"ことが重要なのです。

　では、効率のよい繰り返しがどういうものかといえば、次の2つの単位を意識するといいでしょう。

「1週間」と「1か月」

　この2つのスパンを有効に活用することで、暗記効率は非常に良くなります。

　そこで「1週間目に繰り返す」ですが、これも面倒くさく考える必要はありません。寝る前と同様に、簡単に済ませてしまっていいのです。だから作業としては、ノートを見直すだけだってかまわないでしょう。

ただし1週間の復習を効果的にしたいなら、よりポイントを絞った見直しをすることが理想的です。たとえば「その日のうちの見直し」で、重要なところや、自分が難しいと思ったところに印をつけていく……。

　そして1週間後は、この重点ポイントだけを念入りに確認していくのです。そうすることで、より重点的な暗記ができるようになります。

　1週間という期間に区切ったのも、先の「忘却曲線」でわかるとおり、完璧に覚えたことが"忘れるモード"に移行していくからです。だから再び思い出すことが必要ということで、「簡単な見直し」を勧めたわけです。

　でも1週間あれば、週末の休日をはさんで、かなりまとまった時間がとれるかもしれませんね。「簡単に見直すだけではもったいない」と思う方もいらっしゃるでしょう。

　だったら、この時期こそ「暗記カード」や「暗記のノート」をつくる時期に当ててはいかがでしょうか？

　そうすれば、ここで再び「書く」という"アウトプット"をすることになるし、今後の勉強も便利になります。印をつけた重要なところだけピックアップして、それこそ自分なりの教材をつくっていけばいいのです。

　あるいはこの1週間で読んだマンガを引っ張り出してきて、ステップ4のような「セリフ暗記」の資料をつくるテ

もありますよね。
　もちろん、この時間を別な勉強に活用することも重要です。あなたにとって1番いい方法で、自分なりのスケジュールを考えてみてください。

　そして「1か月」という区切りです。
　ここでは少し踏み込んだ復習をしましょう。ノートを見直すだけでなく、さらに自分の理解度を確認して、わからないところにさらに印をつけたり、あるいは暗記が完璧かどうか確認したりという作業をしてもいいでしょう。問題などを積極的に解くのも効果的です。
　この時期の復習が重要なのは、やっと「脳」と「情報」のリンクが生まれるからです。いままでは「覚える→忘れる」という行為を繰り返してきた情報が、ようやく普段でも反応できるような「完璧暗記」に変わっていきます。ようやく記憶は、強固なものとなっていくのです。
　逆にこの1か月のタイミングを逃すと、再びゼロから覚え直さなければならない可能性も出てきます。
　次の言葉は、先に紹介した池谷裕二博士のものです。

「1か月以上の間隔をあけてしまうと、2回目の学習をしても記憶力はほとんど増強されません。無意識の記憶の保存期間は、1か月程度なのです。つまり、1か月以内に復

習しなければ効果がありません」(『脳の仕組みと科学的勉強法』)

　もちろん普段からカードや暗記ノートにチャレンジしていたり、寝る前の確認をきちんとやっていたりすれば、「完全に忘れてしまう」ということはないかもしれません。ただ、入試に向けて問題集などをやっていると、その解いた経験をフィードバックする機会がどんどん失われていきます。

　大事なことはただ問題を解くのではなく、「また間違った！」とか「まだ覚えていない！」とか、脳に何らかのインパクトを引き起こすことなのです。

　そうして「今度こそ覚えてやる！」と反応すれば、脳だってそのとおりに、記憶整理を改良していきます。だからこそ「1か月後の復習」は有効に活用していただきたいと、わたしは思います。

ステップ **5** 暗記をクセにする

音を使って集中する

　暗記力のカギは何といっても「集中力」です。勉強に限らず、スポーツでもゲームでも、あるいは社会人だったら仕事でも、集中力がある人はやっぱり結果を出しますよね。

　とはいえ、「嫌いな勉強に、どうして集中することができるんだ」なんていう根本的な悩みを抱えている人もいるかもしれません。

　でも、自分で集中力をコントロールする方法はいくらでもあるんですよ！

　たとえば"音"です。みなさんは勉強を、音楽を流したり、ラジオを聞いたりしながらやる習慣がありますか？

　実はこれは、暗記にとってよくありません。余計な情報が、脳に流れ込んできてしまうからです。意識しないようでも、音が流れていると、脳はそちらに反応してしまいます。無意識下でしっかりと、脳が音楽やラジオの音を聞いているのです。

　だとしたら、勉強は進んでいるようでも、頭に入る量は

制限されてしまいますね。実際に集中して暗記していたようでも、"聞きながら"やった場合とそうでない場合では、覚えている度合いにハッキリ差が出るのです。

実は眠っている間でも、近くで一晩中雑音がしているのと、静かなところで寝るのとでは、疲れのとれ具合に差が生じるという実験結果があります。たとえばテレビをつけっぱなしで寝るのと、静かな部屋で同じ時間寝るのでは、実感していなくても疲れのとれ具合が違うのです。

つまり、眠っているときに音がしている場合、脳はそちらに自然に反応している。このとき脳は記憶の編集作業をしているのですから、こちらにだって当然、影響が出てきます。だから記憶したいことがある人は、なるべくなら「静かな場所で眠ったほうがいい」のです。

では、まったくの無音状態がいいか、というとそうではありません。

睡眠の専門家、岩田アリチカさんが書いた『眠れてますか？』（幻冬舎）という本を読むと、たしかに30デシベル以上の音で眠りに影響が出てくるとあります。これは図書館の中より、もっと静かな状態です。

でも一方で、完全な無音状態や無響室のような状態では、かえって緊張が生まれてしまうというのです。

これは勉強するときでも、もちろん同じです。まったく

の無音状態では、人間は逆に集中できません。時計の秒針の音とか、静かにドアを開け閉めする音、シャープペンシルのカリカリする音、ページをめくる音など、自然な音はかえってあったほうがいいのです。

　一説によると、人間の遺伝子に組み込まれている本能として、無音状態は逆に警戒すべきサインになっているようです。自然界では、「完全に音がしない」という瞬間は、存在しません。いつでも風の音や、自分の呼吸音などは存在します。ある程度の小さな音がしている状態こそ、人間は集中できるのです。

　だから"自然の小さな音"は、むしろ集中力を高めます。前述の岩田さんは、「雨の音」や「小川のせせらぎ」などが効果的ということをおっしゃっています。

　これは勉強するときにだって、活用できそうですよね。

　たとえば雨の日は、暗記するための絶好のチャンスと思ってみるとか。あるいは近くに川があったら、休日などに野外勉強を試みてみるとか……。

　いまはリラックスするために、こういった自然の音を収録したヒーリング効果のあるCDもたくさん出ています。もし「音楽がないと集中できない」という人は、そういうCDを使ってみてはいかがでしょうか？

ステップ **5** 暗記をクセにする

雨の音を聞きながら勉強すると集中できる。

たまに外に出ないと腐るぞ♡

萌える☆数学

なので…

小川の音を聞きながら勉強しても、き'ちヾリバヾチ‐集中できるよ多分。

太陽の光はボクに向いてないんだよなァ…

火事場の馬鹿力を利用する

　音で集中力をコントロールする方法についてお話ししましたが、ほかにも方法はたくさんあります。その中でもわたしが注目したいのは、「火事場の馬鹿力」というものです。

　たとえば今度、テストがあるという場合、3日前と前日ではどちらがより集中できますか？

　これは"前日"ですよね。つまり「勉強しなきゃ」という危機感が強ければ強いほど、集中力は増すのです。土壇場になるとものすごい力が出るのと、同じことです。

　じゃあ、テスト前日まで勉強しないで、「火事場の馬鹿力だー！」といって徹夜すればいいかというと、そうではありません。普段から暗記を繰り返し、見直しを行なうことで暗記力は強化されていきます。だから普段の積み重ねのほうが、よっぽど重要です。

　それに「徹夜すること」ほど、暗記にとってよくないことはないのです。

　なぜなら前述したように、眠ることによって記憶は定着

していきます。眠らないで頭に詰め込んだことなど、片っ端から忘れていってしまいます。

それでもテスト前日の夜に集中できるのは、「明日はテスト」と、目的と期限がはっきりしているからですよね。つまり、**"期限つきの目標"** をつくることで、「火事場の集中力」を普段からある程度、発揮することができるのです。

そこで"期限つきの目標"ですが、受験生なら、もちろんハッキリとしたものがありますよね。いうまでもなく、入試テストの行なわれる日でしょう。

もちろん、この日のテストで結果を出すことは、大きな"期限つき目標"です。でもいくら何でも何か月も前の段階から、「火事場の馬鹿力」をずっと維持していくことはできませんよね。

だから、もっと小さな"期限つき目標"を、いくつもいくつも設定する習慣をつけていけばいいのです。

たとえば「今度の日曜日までに、現在完了形を一通りマスターする」とか、「問題集のこの章は、来週中に完璧に解けるようにする」など、ちょっとしたことでも目標化して、必ず締め切りをつくる。

そしてつくった目標を紙に書いて、机の前にでも貼っておけば完璧です。

こんなふうにテスト前に「よし、やろう！」と取り組む習慣をつければ、本番のときにだってスムーズに集中できるようになります。

　あとは気持ちの問題です。テストの前に「勉強しなきゃ」という危機感が出るのは、「いい点をとりたい」という気持ちがあるからです。だから普段の勉強でも、「これを覚えることが合格につながるんだ」と思えれば思えるほど、「火事場の暗記力」は高まっていきます。
　そのためにこそ、「試験を突破したい」とか、「大学に入りたい」という気持ちを強く持つことです。将来の自分の姿を思い浮かべたりして、意欲をかきたてましょう。

失敗したらラッキー！

ステップ2やステップ4では、「経験と結びつくと記憶が強化される」ということを述べてきました。

これは経験そのものよりも、自分が何らかの感情を持ったから、つまり「インパクトを受けたこと」が大きく影響するということでした。だから楽しかった思い出や、辛い体験などを、わたしたちはいつまでも覚えているわけです。

だから「嬉しい」でも、「悔しい」でも、とにかく"感じる"ということがとても大切なのです。悔しいときは思いっ切り悔しいと思う、嬉しいときは思いっ切り喜ぶ。受験勉強をしているときこそ、感情に敏感であってほしいと思います。

とくにわたしが思うのは、マイナス体験をもっと重視してほしいということです。

テストなどでも、悪い点をとったらショックを受けますよね。それで、もう「こんな問題は見たくない」なんて、失敗から逃げてしまう人もいます。

でも、こんな失敗体験こそチャンスなのです。ショックが刺激になり、より強い印象が残ります。

「失敗は成功のもと」という言葉がありますが、これは暗記にも当てはまります。もちろん"間違えたところを重点的に復習する"という戦略的な意味もありますが、「自分が失敗したところだ」という認識があればあるほど、次のステップでは確実に覚えている可能性が高いのです。その意味では、「辛い」とか、「悔しい」という気持ちが強ければ強いほど、あとで確実に有利になっていきます。だからテストで悪い成績をとったときなどは、ムリにでも"思いっ切り"悔しがってみましょう。

「あーあ、50点かぁー」
　なんて溜め息をつくくらいじゃダメ！
「えー！」なんて大声をあげて、テストを丸めて、クシャクシャ、ポイなんてやる。
　それくらい、ぜひ悔しがってください。あ、もちろんポイした解答用紙はちゃんと拾って復習に使ってくださいね。

　あとは「失敗体験」をできるだけ多くすることです。たとえば模試などに積極的に参加するのでもいいですし、問

題をできるだけ解くようにするのもいいでしょう。あるいはステップ4で述べたように、「恥を忍んで人に聞く」という方法もあると思います。

　失敗すればするほど、次につながっていくのです。失敗したからといってがっかりするだけではなく、その気持ちを大切にして、次の暗記につなげていってください。

「短く」「速く」やって、あとは「よく遊ぶ」

　最後に「勉強時間」ということを考えてみましょう。

　一般に、合計勉強時間数が多いと成績は上がります。しかし、これは「長時間続けて」という意味ではありません。あくまで「連続」ではなく「合計」です。

　だから、はっきりとここで言ってしまいましょう。

　みなさん、長い時間勉強してはいけません！

　重要なことは、次の公式をはっきり頭に入れておくことです。

「暗記＝効率×時間」

　つまり、同じ時間でも"効率よく勉強する"時間を積み上げていけば、成績は伸びるということです。

　では、なぜ連続して長時間勉強することはよくないので

しょう？
　答えは単純明快。
「飽きるから」です。

　飽きてしまったら、どうしようもないのです。暗記効率はどんどん悪くなり、机にかじりついていてもムダだけ。そんな時間が続いても何の得にもならないし、脳が疲れてしまい、かえってマイナス効果です。飽きてきたときなどは、「暗記の効率がよくありませんよ」というサインだと思ってもいいくらいです。
　ではどうしたらいいかといえば、適度に休憩したり、違う暗記の方法を試して変化をつけたり、教科を変えたりして、気分の転換を図ることが重要になります。
　それでも、まだ飽きたままだったらどうするか？
　ならば、遊んでください。

「よく学び、よく遊び」という諺がありますが、実際に遊ぶことだって大切です。英語でいえば「All work and no play makes Jack a dull boy．（勉強ばかりで遊ばないとつまらない子供になる）」ですが、やはり適度に遊んで脳を活性化させることだって重要なのです。

　もちろん、遊んだっきり勉強に戻ってこなかったら本末

転倒。時間を区切り、勉強も気分転換もメリハリをつけていくことが大切です。

　人間の集中力が持続するのは、多くても２時間くらいだといわれます。そんなにもつ自信がわたしにはありませんでしたから、もっと短いスパンで時間を区切り、時間内に勉強する内容を決め、最大限効果が出るように考えていました。１回１回の時間は短くても、回数の多さでカバーしていくほうが効率的なのではないでしょうか。

　たとえば、こんなタイムスケジュールです。

①まず、英語の文法問題を20問ほど解いて準備運動。
②次に長文の読解を50分くらいする。
③10分ほど休憩して友だちとメール。
④再開する前に英単語の暗記カードを５枚覚えてみる。
⑤英語に疲れてきたので、得意の国語の漢文を問題集２ページ。好きな科目だからすいすい進んで15分で終わる。
⑥丸つけをしたあと、漢文の文法の暗記カードを一通りやってみて15分。
⑦10分休憩してお茶を飲み、いい気分になったところで、次はいよいよ苦手の数学。問題２問、うーん難しい。
⑧途中休憩を入れて合計１時間。ふう、よくがんばったな。
⑨最後に前にやった問題の暗記カードを一通り眺めて終了。

ダラダラ時間をかけることも、同じことに長時間かけることも、わたしはナンセンスだと思います。理解していることの確認なら本当にサッとでいいし、忘れないようにするには、むしろ何回も見ることのほうが重要です。完璧な理解も暗記も不要です。まずは、「大まかにとらえる」ことを重視してください。

　要領というのは、きっとこういうことだと思います。面白くない勉強を、我慢や根性で長時間やる必要などないのです。逆に、面白いことほど、記憶には残るのですから。「どうしてもやりたくない」というのなら、むしろ勉強そのものを楽しくする工夫を考えていけばいいのです。本書でも、いくつかの方法を紹介しましたよね。わたしだって、勉強を「イヤだなあ」と思わないように、そんなふうに考えていっただけなのです。

　ぜひ面白く、楽しんで、効率的に、「短い時間で最大の効果が出る暗記法」で目標に向かってみてくださいね。

おわりに――「暗記」をあなたの「喜び」にしてください

　大切なのは「目標」です。

　みなさんが、いかに夢を持ち、それが目標となり、達成のために楽しみながらがんばれるのか。「暗記」とは、その実現のためのただの方法でしかありません。

　暗記することが最終目標ではなく、重要なのは、暗記を使って実現する本質です。その過程としての暗記方法の習得に必要以上にわずらわされるのは無意味なこと。方法を要領よく取り入れ、本質を追求していってほしいと思っています。

　わたしの好きな言葉に、こういうものがあります。
「幸運は成功を生み、成功は義務を生む」
　わたしには家族や友だち、先生そして環境に恵まれたという幸運があり、そのおかげで東大に合格するという成功をつかむことができました。自分の立場に感謝するためにも、自分が何かまわりの方に恩返しできないかといつも考えていました。もちろん、合格で終わりではなく、自分はまだ何もしていない小さい存在であり、むしろこれからが人生の本番だと思っています。これから社会に出て、何か

しら成し遂げて恩返ししていくことこそ、自分がすべきことです。ただ、この本がその1歩になれば、と僭越ながら感じています。

　暗記というものは、コツさえつかめれば誰でも簡単にできることです。わたしは特別なことをしていたわけではありませんし、特別なことを書いたわけでもありません。
　しかし、暗記の仕方に悩んでいる方が非常に多いのが現状です。
　暗記ができれば、受験のみならず、資格試験や入社試験、仕事での交渉やプレゼンの予備知識習得などさまざまなところで役に立ちます。人生が楽しく、可能性豊かになっていく。ワクワクしませんか？

　その前に暗記でつまずいてしまってはもったいない。ただの受験本は書きたくありませんでした。ならば、わたしが暗記の方法論をご紹介することで、受験生に限らず、社会人まで含めた多くの方の目標の実現を少しでもお手伝いできるのなら……。そこに意味を見出し、今回筆をとりました。

　貴重な機会を提供してくださったラーニングエッジ株式会社の清水康一郎社長、アップルシード・エージェンシー

の鬼塚忠社長、ダイヤモンド社の花岡則夫さん、素敵なイラストを描いてくださった平良さおりさん、ありがとうございました。また、支援してくださった株式会社ユニークの小代義行社長とスタッフのみんな、それから、わたしの生活に欠かせないすべての大切な人たち、ありがとうございました。

　みなさんが、本書をヒントに夢を実現できたら、著者としてそれ以上の喜びはありません。この本を手にとってくださった方全員が「暗記」によって「喜び」を得られるよう、心から応援しています。

　最後までおつき合いくださり、ありがとうございました。

2006年３月
徳田　和嘉子

[著者]

徳田和嘉子（とくだ・わかこ）

2006年現在、東京大学法学部在籍。茨城県立水戸第一高校卒。
自らの受験と数々の家庭教師の実績からひと工夫された勉強指導に定評があり、生徒から徳ちゃんマジックと呼ばれる。小学校から続けるバスケットボールでは、カレッジリーグで選抜選手に任命され、アジア遠征試合を経験。
将来は弁護士を目指して勉強中。
またNo1セミナーポータルサイトを運営するラーニングエッジ株式会社でスタッフとして活躍。さらに、中高生から社会人までを対象とした次世代リーダー育成塾・志塾を事業とする(株)ユニークでディレクターも務める。
作家エージェント：株式会社アップルシード・エージェンシー
　　　　　　　　（http://www.appleseed.co.jp）

東大生が教える！　超暗記術（スーパー）

2006年3月2日　第1刷発行
2009年2月9日　第15刷発行

著　者——徳田和嘉子
発行所——ダイヤモンド社
　　　　　〒150-8409　東京都渋谷区神宮前6-12-17
　　　　　http://www.diamond.co.jp/
　　　　　電話／03・5778・7236（編集）　03・5778・7240（販売）

装丁————タカハシデザイン室
表紙写真——清水博孝
本文デザイン—柳瀬玲美／高橋明香（TYPE FACE）
ヘアーメイク—市川香
製作進行——ダイヤモンド・グラフィック社
印刷・製本 —ベクトル印刷
編集担当——花岡則夫

©2006 Wakako Tokuda
ISBN 4-478-97064-5
落丁・乱丁本はお手数ですが小社営業局宛にお送りください。送料小社負担にてお取替えいたします。但し、古書店で購入されたものについてはお取替えできません。
無断転載・複製を禁ず
Printed in Japan

◆ダイヤモンド社の本◆

お金や成功よりも、自由でみんなが幸せになる働き方

2年間と期間を決めて起業し、卒業後は企業に就職する予定の現役女子大生社長が語る、「やりたいことを実現する」新しいキャリア形成とは。

大学2年で社長になるということ

星野希［著］

●四六判並製●定価（本体1300円＋税）

http://www.diamond.co.jp/

◆ダイヤモンド社の本◆

知れば知るほど、好きになる。
国語のバイブル、ここに誕生!

第1回出版甲子園グランプリ受賞作!!〔論説・小説・詩歌・古文・作文〕5つの国語力がこれ1冊で身につく。

東大生が書いた「国語」のことを
感動的に好きになる本

長谷川裕［著］

●A5判並製●定価（本体1300円＋税）

http://www.diamond.co.jp/

◆ダイヤモンド社の本◆

あなたは勉強ができないのではありません！
心と脳の「準備」で、誰もが簡単に
集中できるようになります。

獣医で勉強の仕方・集中力講座の先生が伝授する、"勉強のやる気"を高め、継続する方法。

勉強に集中する方法
やる気が継続する、心のつくり方

須崎恭彦 [著]

●四六判並製●定価（本体1429円＋税）

http://www.diamond.co.jp/

中谷彰宏著　就職に役立つ本

大学時代
しなければならない
50のこと

20代で
しなければならない
50のこと

- ●大学時代出会わなければならない50人
- ●20代 自分らしく生きる45の方法
- ●20代で差がつく50の勉強法
- ●学校で教えてくれない50のこと
- ●大人になる前にしなければならない50のこと
- ●ピンチを楽しもう
- ●一日に24時間もあるじゃないか
- ●なぜあの人はプレッシャーに強いのか
- ●なぜあの人は時間を創り出せるのか
- ●なぜあの人の話に納得してしまうのか
- ●1日3回成功のチャンスに出会っている
- ●人生は成功するようにできている
- ●自分で思うほどダメじゃない
- ●本当の自分に出会える101の言葉

いずれもダイヤモンド社刊

◆ダイヤモンド社の本◆

簡単トレーニングで、「集中力のスイッチ」を作ろう

道具は不要！　電車の中やトイレでも1～5分あればできる手軽なトレーニングを紹介。

5分間集中力トレーニング
あなたの「集中力」が目覚める20の方法

須﨑恭彦［著］

●四六判並製●定価（本体1400円＋税）

http://www.diamond.co.jp/

◆ダイヤモンド社の本◆

テストでいい点とるなんて簡単だ！
成績と創造性が同時に伸びる
「魔法の道具」を手に入れよう

「こんなノートのとり方があったら、学生時代、勉強に苦労しなかったのに……」
マインドマップ®は、脳にとって自然なノートのとり方なので、勉強が楽しくなり、記憶力が良くなります。イギリスBBCでも特集された、子供から大人まで効果があるマインドマップ®を、一度試してみてください。

勉強が楽しくなるノート術
マインドマップ®FOR KIDS
トニー・ブザン[著] 神田昌典[訳]

●B5判並製●128頁●定価（本体1600円＋税）

http://www.diamond.co.jp/

◆ダイヤモンド社の本 ◆

1週間で
集中力を10倍にする方法！

東大受験、TOEIC® TEST合格で抜群の成果を上げる方法を大公開！

東大生が教える！超(スーパー)集中術

石井大地／小平翼／難波紀伝 [著]

●四六判並製●定価（本体1300円＋税）

http://www.diamond.co.jp/